정치란
무엇이어야
하는가

POLITICAL PHILOSOPHY: AN INTRODUCTION
by Jason Brennan

정치란 무엇이어어야 하는가

제이슨 브레넌 지음 | 배니나, 정연교 옮김

Political Philo sophy

궁리
KungRee

일러두기

───────

지은이 주(1,2⋯)는 '주석 · 참고문헌'에, 옮긴이 주(*)는 본문 하단에 있습니다.

서문

!

다른 사람을 위하는 마음이 남다른 베니는 생명을 구하기 위해서라면 어떤 일이든 할 수 있는 사람이다. 그녀는 가공 설탕이 미국인의 생명을 위협하는 재앙이라고 믿는다. 그러던 어느 날 그녀는 권총을 챙겨 마을 7-11번지에 있는 편의점에 가서 총을 겨누며 "앞으로 빅걸프(세븐일레븐에서 파는 대용량 음료)를 팔지 마시오!"라고 소리친다.

원칙주의자인 피터는 당신이 자선단체에 기부를 너무 적게 한다고 생각한다. 굶어 죽는 사람이 있는데도 당신은 호화로운 삶을 누린다는 것이다. 그는 어느 날 당신에게 "당신의 은행 계좌를 해킹해 그중 3분의 1을 가난한 싱글맘에게 보냈으니 그렇게 아시오."라고 통보한다.

예의 바른 대니는 독일차보다 미국차를 타야 한다고 생각한다. 도로, 학교, 치안처럼 동료 시민들이 제공하는 국내의 온갖 시설과 편익을 누리면서 외제차를 타는 것은 염치없다는 것이다. 그는 당신이 외제차 딜러에게 BMW를 구입하려는 모습을 목격하고는 테이저건을 꺼내 들며 이렇게 말한다. "BMW를 사도록 해주겠다. 단, 먼저 나에게 3,000달러를 내야 한다."

아마 당신은 세 사람 모두 범죄자라고 생각할 것이다. 그리고 이들을 경찰에 신고해 체포해야 한다고 생각할 것이다. 하지만 이는 그렇게 단순한 문제가 아니다. 경찰은 세 사람을 체포하려고 할 테지만 워싱턴, 베를린, 오타와의 정부 관료들이 세 사람이 한 것과 유사한 행동을 하면 기꺼이 보호할 것이다. 여기서 몇 가지 의문이 든다. 왜 어떤 사람이 내 소득의 3분의 1을 가져가는 것은 그릇된 일이지만 국세청에서 그렇게 하는 것은 그릇된 것이 아닌가? 누군가 내가 어떤 것을 먹지 못하게 막는 것은 잘못이지만 식품의약품안전처에서 그렇게 하는 것은 부당한 일이 아닌 이유는 무엇인가? 생각해보면 정부는 통상 일반인이 하면 안 된다고 여겨지는 행동도 서슴지 않고 한다. 그리고 정부는 많은 경우 이런 일을 하면서 정부가 마땅히 해야 하는 일을 하는 것처럼 말한다. 그렇다면 정부는 언제, 어디서, 어떤 이유로 그런 일을 행사할 수 있는가?

우리가 이 책에서 다루려고 하는 정치철학의 중요한 문제 중 하나가 이것이다. 물론 '정치철학'이라고 불리는 분야에는 다음과 같은 다른 중요한 문제들도 있다. "정부 혹은 국가는 필요한가?" "만약 정부가 필요하다면, 어떤 정부가 필요한가?" "정부가 할 수 있는 일은 무엇이고 하지 말아야 하는 일은 무엇인가?" "악법도 준수할 의무가 있는가?" "권리란 무엇인가?" "사유재산 제도는 정당한가?" "복지국가는 바람직한가?" "자유의 한계는 어디까지인가?" "우리는 무엇을 먹고, 무엇을 믿고 경배할 것인지 마음대로 선택할 수 있는가?" "정부는 모든 사람이 균등한 기회를 가질 수 있도록 노력해야 하는가?" "사람들에게 국적을 부여하고 이민을 제한하는 것이 정당한가?" "전쟁은 어떤 경우에 정당화 가능한가?" "자유와 평등 중 무엇이 더 중요한가?" 정치철학은 이 같은 문제들을 정교하고 치밀하게 다루는 철학의 한 분야이다.

추상적으로 말하면 정치철학은 사회 제도에 대한 규범적 분석이다. 제도란 "어떤 사회를 지배하는 게임의 규칙인데, 보다 형식을 갖춰 말하면, 사람들의 상호작용을 틀 짓는 것으로 인간이 고안한 제약이다."[1] 예를 들어, 민주제와 군주제는 사실 누가 규칙을 만들 자격이 있는지를 정하는 일련의 규칙과 다름없다. 혼인 제도 역시 재산, 자녀 그리고 성애를 배분하고 통제하는 일련의 규칙이다. 마찬가지로 사유재산 제도 역시 다양한 재화를 누가 사용하고, 활용하고, 교환하고 파손할 수 있는지를 규정하는 일련의 규칙이다.

정치철학은 어떤 제도가 좋고 어떤 것이 나쁜지 혹은 어떤 것이 정당하고 어떤 것이 그렇지 않은지 가늠할 수 있는 적절한 준거를 세우고자 한다. 물론 제도를 평가하기 위해서는 제도가 현실에서 실제로 어떻게 작동하는지 알아야 하며 가능한 대안은 무엇인지도 알아야 한다. 즉 사회과학 특히 경제학, 정치학, 사회학 그리고 인류학 등에 대해 알아야 한다. 하지만 사회과학만으로는 어떤 제도가 가장 나은지 판단하기 어렵다. 사회과학은 국가 주도적 평등정책과 경제성장 위주의 정책 각각이 지닌 트레이드-오프trade-off가 무엇인지 알려줄 수 있지만, 그중에서 무엇을 선택해야 하는지는 말하지 않는다. 경제 성장률은 낮지만 보다 평등한 상태가 조금 불평등해도 경제 성장률이 높은 상태보다 더 나은가? 이 같은 문제에 답하기 위해서는 어떻게 하는 것이 진정 정의로운지 판단할 수 있어야 한다. 다시 말해 평등의 가치를 자유의 가치나 번영의 가치와 견주어 가늠할 수 있어야 한다.

이 책은 정치철학에 대한 입문서이다. 정치철학의 주요 이슈, 아이디어 및 논증에 대한 실효적인 지식 제공을 목적으로 한다. 따라서 모든 것에 중립적일 수는 없겠지만, 그렇다고 어떤 특정 이념에 치우치지도 않을 것이다.

차례

서문   5

1 정치적 가치와 갈등   13

2 정의의 문제와 권리의 본질   21

3 자유의 본질과 가치   35

4 재산권   45

5 평등과 분배정의   59

6 사회 정의론의 문제   71

7 시민권: 표현과 라이프스타일의 자유   85

8 경제적 자유의 범위   97

9 정부의 권위와 적격성   107

10 사회란 무엇인가?   127

11 정치경제학의 필요성   135

옮긴이 해제   143

주석·참고문헌   185

정치적 가치와 갈등

1

어떤 기준으로 망치를 평가해야 할까? 흔히 망치의 기능인 못을 얼마나 잘 박는지를 떠올릴 것이다. 즉 좋은 망치는 목적에 부합하는 망치이고 나쁜 망치는 그렇지 않은 망치이다. 반면 그림을 평가하는 기준은 다르다. 무엇을 표현하려 했는지, 얼마나 아름다운지, 누가 그렸는지처럼 평가 기준은 다양하다.

그러면 사람을 평가하는 기준은 무엇인가? 얼마나 유용한 사람인지 또는 아름다운 사람인지가 평가 기준일 수 있다. 더 나아가 누가 "낳았는지"도 중요한 기준일 수 있다. (대다수가 다른 사람의 자식보다 자기 자식을 더 소중하게 생각하는 것은 사실이다.) 그러나 우리는 사람의 경우 사람 그 자체가 목적이라고, 즉 그 자체로 가치 있다고 생각하기도 한다.

제도의 가치를 평가할 때 이 중에서 가장 적합한 모델은 무엇인가? 어떤 사람은 제 기능을 다하는 제도, 즉 소정의 목적을 달성하는 데 도움이 되는 제도가 가치 있다고 믿는다. (물론 어떤 목적이 추구할 만한 것인지는 별도로 논해야 할 것이다.) 다른 이는 제도는 (적어도 부분적으로는) 그것이 표상하는 것이 무엇인가 혹은 누가 만들었는가에 따라 평가할 수 있다고 주장한다. (일례로 민주적인 절차에 따라 법이 제정되면, 그 내용과 무관하게 법이 정당하거나, 공정하거나 혹은 합당하다고 주장하는 사람이 있다.) 또 다른 이들은 제도 그 자체가 목적이라고 생각한다. (어떤 사람은 민주주의보다 다른 정치체제가 어떤 면에서는 더 잘 작동한다 해도 민주주의는 그 자체로 정당할 뿐만 아니라 궁극적인 가치라고 주장한다.)

한마디로 사람들은 단지 제도의 정당성이나 좋음에 대해서만 논의하는 것이 아니다. 제도의 평가 기준 역시 따진다. 달리 표현하면, 사람들은 정의가 요구하는 것이 무엇인지에 대해 서로 다른 의견을 갖고 있다.

정의에 대한 끝없는 논쟁에 지친 나머지, 정의는 정답을 찾을 수 없는 문제이고 정의에 대한 견해는 전적으로 주관적이라며 이에 대한 논의를 포기해버리는 경우가 종종 있다. 그러나 이는 잘못이다. 사람들이 합의에 이르지 못한다고 해서 객관적 진리가 있을 수 없다고 볼 수는 없다. 사실 우리가 합의에 이르지 못하는 것은 이뿐만이 아니다. 사람들은 한쪽 의견을 지지하는 증거가 넘쳐나는데도 불구하고 진화가 일어나고 있는지, 백신이 유효한지, 백신이 자폐를 야기하는지 그리고 심지어 지구의 나이가 6천 년이 넘는지처럼 온갖 문제에 대해 이견을 보인다. 대중이 정치적 정보를 소화하는 방식을 연구하는 정치심리학자에 따르면, 일상적으로 우리 대부분은 정치에 대해 편향적으로, 즉 비합리적인 방식으로 사고한다.[2] 따라서 소위 증거라고 하는 것에 대해서도 저마다 다른 해석을 내놓는 것도 당연하다고 할 수 있다.

우리는 단지 타인과 합의에 이르지 못하는 것이 아니다. 우리 대부분은 종종 자기 자신과도 합의에 이르지 못한다.

사람들은 다양한 층위의 도덕적 문제에 대해 저마다의 의견을 갖고 있다. "같은 값이면, 행복을 증진하는 것이 좋다"처럼 어떤 생각은 일반적이고 추상적이다. 반면 "네가 한 짓은 나쁜 짓이야!"처럼 어떤 생각은 구체적이다. 물론 그 중간도 있는데 "노예제도는 나쁘다"와 같은 생각이다. 우리가 이런 생각에 이르게 된 이유는 복잡하다. 타고난 성품의 영향일 수도 있고, 부모님에게 받은 교육 때문일 수도 있으며, 친구의 영향일 수도 있다. 철학적 사색의 결과인 것도 있을 것이다.

아무튼 우리는 수백 수천 개의 도덕적 믿음을 갖고 있는데, 그중 어떤 것은 매우 일반적이고 어떤 것은 구체적이다. 문제는 우리가 이 모든 생각을 동시에 의식할 수 없다는 것이다. 우리는 기껏해야 한 번에 대여섯 개의 생각을 의식할 수 있다. 그 결과 우리가 가지고 있는 매우 다양한 믿음들이 일관성 있는지, 즉 서로 모순되지 않는지 일일이 점검할 수 없다. 우리가 의도와 달리 객관적으로 서로 상충하는 도덕적 판단, 즉 동시에 둘 다 참일 수 없는 도덕적 판단을 하는 것도 이 때문이다. 이처럼 서로 상충하는 믿음들을 수면 위로 끌어올려 모순을 해소하는 것이 정치철학의 역할 중 하나이다. 이는 통상 상충하는 믿음 중에서 확신이 부족한 믿음을 스스로 포기하게 하는 것을 의미한다.

예를 들어보자. 사람들은 대게 노예제도가 나쁘다고 생각한다. 누구나 다른 사람에게 양도할 수도 다른 사람이 침범할 수도 없는 권리를 지닌다고 생각하기 때문이다. 반면 다른 사람에게 해가 되지 않은 이상 누구나 자신이 원하는 것을 할 수 있어야 한다고 생각하기도 한다. 그럼 어떤 사람이 자기 스스로 노예가 되기를 원한다면 어떻게 해야 하는가? 막아야 하는가? 허용해야 하는가? 앞서 거론한 두 가지 믿음을 모두 가지고 있는 사람은 한편으로는 막아야 한다고 생각하고, 다른 한

| 정치란 무엇이어야 하는가 |

편으로는 허용해야 한다고 생각할 것이다. 다른 예를 들어 보자. 우리는 흔히 누구든 자신이 원하는 사람과 어울릴 권리가 있다고 생각한다. 그러나 동시에 가게 주인이 자신이 좋아하지 않는다는 이유로 흑인이나 동성애자를 문전박대해서는 안 된다고 생각한다. 가게 주인에게 자신이 원하는 사람과 어울릴 권리가 있다면 자신이 좋아하지 않는 사람도 응대해야 하는 이유는 무엇인가?

우리가 정치적인 문제에 합의에 이르지 못하는 이유 중 하나는 각자가 무엇에 얼마나 가치를 부여하는지가 다르기 때문일 수도 있고, 사실을 보는 방식이 다르기 때문일 수도 있다. 예를 들어, 정부가 시장에 개입할 수 있는 범위에 대해 나와 진보적인 성향의 철학자 조지프 히스^{Joseph Heath}의 입장은 다르다. 그런데 이 차이는 근본적으로 우리의 가치관이 달라서 생기는 것이 아니라, 시장과 정부가 얼마나 잘 작동하는지 그리고 얼마나 자주 실패하는지를 다르게 판단하기 때문에 발생한다. 우리는 정부나 시장이 잘 기능하는지 또는 실패하는지에 대해 유사한 판단 기준을 갖고 있다. 하지만 정부와 시장이 이러한 기준을 얼마나 잘 충족하는지를 보여주는 경험적 증거는 다르게 평가한다.

이러한 이유로 사람들이 가지고 있는 도덕적, 종교적, 사회과학적 견해를 특정 정치철학과 동일시하는 것은 잘못이다.[3] 무신론자도 진보적일 수 있지만, 종교적인 사람도 그럴 수 있다. 사회주의자 중에서 뚜렷한 윤리적 견해를 가진 사람이 있을 수 있고, 그렇지 않은 사람도 있을 수 있으며, 심지어 회의론자도 있을 수 있다. 마찬가지로 자유지상주의자 중에 오스트리아 경제학설을 따르는 사람이 있지만, 보다 전통적인 고전 경제학 이론을 받아들이는 사람도 있다.[4]

그럼에도 불구하고 모든 정치철학적 입장이 모든 것에 대해 중립적인 것은 아니다. 특정 정치철학설은 종종 하나의 원칙을 다른 것에 비해 더 강조하는 경향이 있다.

고전적 자유주의와 자유지상주의 정치철학은 개인의 자유와 자율에 방점을 둔다. 이들에 따르면, 사람을 목적 그 자체로 존중한다는 것은 각자 자신을 위해 스스로 자유롭게 선택할 수 있는 자율의 영역을 최대한 넓게 허용한다는 것을 의미한다. 이들은 또한 그렇게 하는 것이 보다 큰 경제적 번영, 문화적 발전, 관용 그리고 도덕성의 향상을 가져온다고 믿는다.

공동체주의와 보수주의 정치철학은 질서와 공동체에 무게를 둔다. 보수주의자에게 문명이란 어렵게 쟁취한 승리의 결과이다. 따라서 그들은 늘 공동체의 존립이 달린 사회적 질서가 위태로워질까 걱정한다. 보수주의자는 특히 사회질서를 유지하기 위해서 사람들이 겸허한 태도를 지녀야 하며 공동체의 이상, 공동체의 도덕 그리고 문화적 전통을 공유해야 한다고 생각한다. 공동체주의자는 이에 더해 공동체 혹은 집단이 그것을 구성하고 있는 개인보다 어떤 의미에서는 더 근본적이고 중요하다고 생각한다.

진보주의와 사회주의 정치철학은 물질적 평등과 사회적 지위 평등에 초점을 맞춘다. 이에 따르면, 물질적 평등은 당연한 것이고 충분한 이유가 없다면 그 어떤 불평등도 인정할 수 없다. 사회주의자는 물질적 불평등을 야기하는 것 중 정당화 가능한 것은 거의 없다고 생각하고 그에 따라 사유재산을 부정한다. 진보주의자는 그보다는 낙천적이다. 그들은 시장과 사유재산을 인정한다. 이들은 불평등이 모든 사람에게 도움을 주는 한, 특히 가장 혜택을 받지 못하는 사회 구성원에게 도움을 주는 한 정당화 가능하다고 생각한다. 따라서 그들은 시장에 기초한 경제를 받아들이지만, 정부가 시장을 통제하여 모든 사람이 인간다운 삶을 누릴 수 있도록 공정한 기회를 보장해야 한다고 주장한다.

정의의 문제와 권리의 본질

2

20세기 정치철학을 대표하는 존 롤스$^{John Rawls}$는 사회를 "상호 간의 이익을 위한 협동체$^{cooperative venture for mutual gain}$"의 일환으로 이해한다.[5] 최악의 사회가 아니라면 홀로 떨어져 사는 것보다 같이 모여 사는 것이 훨씬 더 유리하기 때문이다. 사회에는 이토록 많은 것이 걸려 있기에 사람들은 협력의 조건$^{the terms of cooperation}$, 즉 기본적인 사회제도에 큰 관심을 가진다.

규칙은 모든 사람의 이해관계가 걸려 있는 만큼, 협력의 조건을 규정하는 동시에 갈등의 원인이기도 하다. 제도를 어떻게 만드는가에 따라, 즉 게임의 규칙을 어떻게 정하는가에 따라 우리가 함께 살아가면서 누리는 혜택과 져야 하는 부담이

다르게 배분되기 때문이다. 물론 규칙이 전부는 아니다. 게임의 규칙이 어떻든지 우리의 삶이 그것에 의해 전적으로 결정되는 것은 아니다. 인생 행로는 각 개인이 무엇을 선택하는지에 따라 상당 부분 다르게 펼쳐진다. 하지만 여전히 규칙이 영향을 미친다는 것은 부정할 수 없는 사실이다. 중세 유럽과 일본에서는 어느 가문 출신인지, 즉 출생 신분이 삶에 가장 큰 영향을 미쳤고, 얼마나 싸움을 잘하는지가 그다음으로 중요하게 여겨졌다. 이에 비해 현대 미국의 제도는 머리가 좋은 사람이나 정치적 네트워크를 형성하는 데 탁월한 능력을 지닌 사람들에게 유리하다. 오늘날의 세계질서는 기본적으로 이민을 제한하는 국민국가 체제인데, 이러한 상황에서는 대체로 특별한 기술이 없는 노동자보다 기술을 지닌 전문가가 유리하다.[6]

우리 대부분은 적게 갖는 것보다는 많이 갖는 것을 선호한다. 또한 사회적으로 낮은 지위보다 높은 지위를 선호한다. 그래서 롤스는 사람마다 어떤 제도와 규칙이 가장 좋은지 달리 생각할 수밖에 없다고 말한다. 각자 자신에게 유리한 규칙을 선호할 것이기 때문이다. 롤스는 "정의의 원칙Principles of Justice"이 이 같은 의견 불일치 상황을 공정하고 합리적인 방식으로 해소할 수 있어야 한다고 말한다. 다시 말해, 정의의 원칙은 권

| 정치란 무엇이어야 하는가 |

리와 의무를 도덕적으로 정당화 가능한 방식으로 결정할 수 있어야 한다. 즉 사회적 협동에서 발생하는 혜택과 부담의 배분을 적절히 결정할 수 있어야 한다.

정의에 대한 이론 중 하나인 공리주의를 생각해보자. 거칠게 표현하면, 공리주의는 그저 행복의 총량 극대화를 요구한다. 공리주의자는 행복만이 그 자체로 좋은 것이고, 고통만이 그 자체로 나쁜 것이라고 생각한다. 행복의 총량을 극대화하는 한편 고통의 총량을 최소화하려고 노력해야 한다는 주장은 그럴듯해 보인다. 공리주의의 지침은 단순 명확하다. 순수 기대 효용^{the maximal expected utility}이 가장 큰 행동을 하라는 것이다. 많은 경제학자가 공리주의를 좋아하는데, 어렵고 복잡해 보이는 정의의 문제를 그들이 칼도-힉스 효율성^{Kaldor-Hicks efficiency}이라고 부르는 것을 찾는 문제로 환원해주기 때문이다. 허세 가득한 정의 이론에 식상함을 느끼는 사람이 자신을 "실용주의자"라고 말한다면, 이 말은 그 사람이 일종의 공리주의자라는 것을 의미한다.

언뜻 보면 공리주의는 상당히 그럴듯하다. 그러나 심각한 문제를 안고 있다. 우리는 우리 자신의 복리에 대해서 자기 자신과 모종의 거래를 할 수 있다. 예를 들어, 훗날의 행복을 위해 지금 약간의 고통을 감수하는 것은 문제가 없다. 좋은 직장에 취업하기 위해 재미없는 수업을 듣는 것도, 전염병에 걸리지 않기 위해 예방접종을 하는 것도 그렇다. 그러나 나의 행복을 위해 타인을 희생시킬 수는 없다. 누군가를 돕기 위해 다른 어떤 사람에게 피해를 주는 것도 옳다고 보기 어렵다.

그러나 공리주의에 따르면, 누군가 상대적으로 큰 혜택을 누릴 수 있다면 다른 사람에게 고통을 주는 것도 용인할 수 있다. 사실 공리주의는 그렇게 해야 한다고 주장한다. 이것이 공리주의가 지닌 문제의 핵심이다. 공리주의는 쾌락과 고통에 관해서는 사람들이 마치 한 몸인 것처럼 말한다. 행복의 총량을 극대화할 수 있다면 일부 사람은 행복하고 다른 일부 사람은 고통받아도 아무런 문제가 없다.

어슐러 K. 르 귄Ursula K. Le Guin의 단편소설 「오멜라스를 떠나는 사람들The Ones Who Walk Away from Omelas」은 이 문제를 잘 보여준다. 이 소설은 목가적이고 유토피아적인 사회를 배경으로 한다. 이곳에는 전쟁도 질병도 없다. 모두가 건강하고, 아름답고, 행복하다. 하지만 오멜라스에는 지저분한 지하실 구석에 굶주리고 학대당해 두려움에 떨고 있는 어린아이 한 명이 갇혀 있다는 비밀이 있다. 왜 이런 일이 일어났는가? 아이를 학대해야만 도시가 번영할 수 있다는 주술 때문이다. 이 아이를 모르는 오멜라스 사람은 없다. 학교에서 이 아이에 대해 가르치고 실제로 보게 하기 때문이다. 르 귄은 매일 밤 몇몇 시민이 오멜라스를 떠나는 과정을 묘사하며 이야기를 마친다.[*]

오멜라스는 공리주의가 잘못된 이론이라는 것을 보여주는 사례처럼 보인다. 공리주의가 옳다면 오멜라스는 틀림없이 정의로운 사회이지만, 그와 달리 오멜라스에서 벌어지는 일은 부정의한 것처럼 보이기 때문이다. 그렇다면 문제는 공리주의에 있는 것처럼 보인다.

『아나키, 국가, 유토피아$^{Anarchy, State, and Utopia}$』[**]에서 20세기 자유지상주의를 대표하는 철학자 로버트 노직$^{Robert Nozick}$은 르 귄 못지않은 공리주의 비판 사유 실험을 선보인다. 그는 "공리 괴물$^{utility monster}$"이 있다고 상상해보자고 제안한다. 공리괴물은 사람들이 고통받는 모습을 바라보며 쾌감을 느끼는데, 이때 공리괴물은 사람들이 받는 고통의 총량보다 훨씬 더 많은 쾌감을 느낀다.[8] 이러한 가학적인 공리괴물이 느낄 수 있는 쾌감의 정도에는 한계가 없다. 어떤 사람이 느끼는 고통의 양을

---

[*] 르 귄의 소설은 공동체를 공리주의적인 방식으로 이해하는 것에 내재하고 있는 문제를 적나라하게 드러낸다. 「오멜라스를 떠나는 사람들」(1973)은 1974년 휴고상 초단편 부문에서 수상한 르 귄의 단편소설로, 단편집 『The wind's twelve quarters』(1975)에 수록되어 있다. 『바람의 열두 방향』(최용준 옮김, 시공사, 2004) 참고.

[**] 국내에서는 『아나키에서 유토피아로』(남경희 옮김, 문학과지성사, 1997)로 출간되었다.

X라고 할 때, 공리괴물은 X의 제곱 이상의 쾌감을 느낄 수도 있기 때문이다. 만일 공리주의가 옳다면, 우리는 "공리의 총량을 증가하기 위해 기꺼이 공리괴물의 희생양이 되어야 한다."[9] 다시 말해 우리는 스스로 공리괴물의 먹이가 되어야 하는 도덕적 의무가 있다. 이 주장은 분명 문제가 있어 보인다.

이런 사유 실험이 마음에 들지 않는 사람도 있을 것이다. 사유 실험에서 가정하는 상황이 허무맹랑하고 지나치게 비현실적이어서 이 논증이 사실상 시사하는 바가 없다고 볼 수 있기 때문이다. 그러나 이는 초점을 벗어난 비판이다. 우리는 비현실적인 상황에 대해서도 아무 문제 없이 도덕적 평가를 내리기 때문이다. 영화 〈스타워즈〉에 등장하는 '포스'라고 불리는 에너지는 사실이 아니다. 하지만 아이들은 암흑의 세력이 그것을 사용하는 것은 부도덕하다고 판단한다. 〈고질라〉 역시 사실이 아니다. 하지만 "재미 삼아 아이들을 고질라의 먹이로 제공해야 한다."는 주장을 용인하는 도덕 이론이 있다면, 그 이론은 바로 그 사실로 인해 문제 있는 것이 된다. 이러한 사유 실험의 목적은 우리가 도덕적으로 유념해야 하는 다양한 요소를 두드러지게 만드는 것이다. 따라서 문제가 분명하고 생생하게 드러나도록 극단적이고 비현실적으로 보이는 상황이 사유 실험에서 흔히 제시된다.

| 정치란 무엇이어야 하는가 |

사유 실험을 통한 공리주의 비판이 여전히 마음에 들지 않는다면, 보다 현실감 있는 사례를 살펴보자. 정부는 종종 많은 사람을 돕기 위해 소수의 희생을 요구하거나 용인하는 정책을 채택한다. 어느 마을에 테러리스트 몇 명이 숨었는데, 정부가 테러리스트 한 명당 무고한 마을 주민 50명을 살상할 수 있다는 정보를 입수하고 고심 끝에 마을 전체를 폭격하기로 결정했다고 하자. 이때 정부가 마을을 폭격해 주민을 살해하는 것이 정당하다고 할 수 있는가? 공리주의는 그렇다고 주장한다. 정부가 다수를 돕기 위해 소수에게 과도한 세금을 징수하는 것 역시 유사한 관점에서 논할 수 있다.

노직과 롤스 모두 공리주의는 "사람들은 개별적이라는 것 separateness of persons"을 망각했다고 비판한다. 개개인이 각각 자신만의 삶을 영위하는 목적 그 자체라는 사실을 인식하는 것이 필요하다는 것이다. 사람은 효용의 총량을 극대화하기 위한 수단이 아니다. 우리는 누군가를 위한다는 이유로 다른 사람에게 고통을 감수하라고 강제할 수 없다. 따라서 사람들이 별개라는 것을 인식한다는 것은 결국 각자가 광범위한 일련의 권리를 갖고 있다는 것을 인식한다는 말과 다르지 않다. 오멜라스의 아이를 괴롭혀야만 효용이 극대화되어도, 그 아이에게는 고통받지 않을 권리가 있다. 말하자면 권리는 자신의 목적을 달성하는 데 다른 사람을 이용하지 못하게 막는 최후의 보루이다.

20세기 법학자 웨슬리 호펠드^{Wesley Hohfeld}에 따르면, 어떤 사람에게 권리가 있다는 것은 다른 사람이 그에 상응하는 의무를 진다는 것을 의미한다. 예를 들어, "나는 생명에 대한 권리가 있다."는 "당신은 나를 죽이지 않을 의무가 있으며 이는 강제 가능하다."는 것을 의미한다. 또한 "내게 표현의 권리가 있다."는 말은 "내가 말하는 것을 방해하거나 처벌하지 않을 의무가 당신에게 있는 것"을 의미한다. 마찬가지로 "내 아이는 부모에게 양육 받을 권리가 있다."는 말은 "나와 내 배우자는 아이를 먹이고 돌볼 의무가 있다는 것"을 의미한다. 즉 어떤 사람에게 권리가 있다는 것은, 그 사람에 대한 어떤 의무가 우리에게 있으며 그 의무는 강제 가능하다는 것을 의미한다.[10]

물론 어떤 것에 대한 권리가 있다는 말 자체는, 그것을 하는 것이 바람직하다는 것을 함축하지는 않는다. 단지 누군가 그러한 행동을 해도 막아서는 안 된다는 것을 뜻할 뿐이다. 예를 들어, 내게 나치즘을 옹호할 권리가 있다면, 당신은 내가 나치즘을 옹호해도 내버려두어야 한다. 당연히 그런 사악한 행동을 하지 않아야 하겠지만 말이다.

노직은 『아나키, 국가, 유토피아』에서 정의의 문제가 권리의 문제라고 인식해도 충분하지 않을 수 있다고 경고한다. "공리주의적 권리론^{utilitarianism of rights}"을 생각해볼 수 있는데, 이 이론에 따르면 우리는 무엇보다 권리 침해를 최소화해야 한다. 공리주의적 권리론은 권리를 중요하게 여기는 것처럼 보이지만 실상 권리의 성격을 제대로 인식하지 못하고 있다. 이 이론은 권리 침해의 총량을 최소화할 수 있다면, 심각하지만 가끔 발생하는 권리 침해는 용인할 것이기 때문이다. 결국 공리주의를 오랫동안 괴롭힌 문제는 해소되지 않고 여전히 남아 있게 된다. 오멜라스를 다시 떠올려보자. 르 귄은 아이를 괴롭히고 학대하는 것 외에 오멜라스에서 다른 범죄는 발생하지 않는다고 설정했다. 따라서 비록 오멜라스의 어떤 아이의 권리는 침해되었으나, 시민 전체의 차원에서 보면 권리 침해는 거의 없다. 사실 오멜라스는 덴마크나 스웨덴보다도 권리 침해가 발생하지 않는 곳이다. 현실의 사례를 생각해보자. 정부는 종종 시민을 사찰하면서 다른 사람들이 우리의 권리를 침해하는 것을 막는 것이 이런 일을 하는 이유라고 말한다. 노직의 관점에서 보면 이러한 정부는 권리의 중요성을 인식하고 있으나 권리의 본질은 제대로 인식하지 못하고 있다.

　노직은 권리를 "일종의 강한 제약^{side constraints}*"이라고 말한다. 권리는 우리가 무엇을 할 수 없는지 알려준다. 물론 가능한 우리는 대다수 국민의 권리 침해를 최소화하는 방식으로 행동하고 그러한 제도를 만들어야 한다. 하지만 그보다 극히 소수라 할지라도 누군가의 권리를 침해하지 않아야 한다. 단한 사람일지라도 그 사람의 권리를 침해하지 않는 것이 불특정 다수의 권리를 보호하는 것에 우선한다. 국정원이 영장 없이 누군가를 감청할 수 있게 하는 것이 일반 국민의 권리를 더잘 보호하는 방법이라고 해보자. 권리를 울타리처럼 생각하는 노직의 입장에서 영장 없는 국정원의 감청은 잘못된 행동이다. 그로 인해 아무리 많은 사람이 혜택을 누려도 누군가의 권리를 침해해서는 안 되기 때문이다.

공리주의가 잘못된 이론이라고 비판한다고 해서 결과가 중요하지 않다고 주장하는 것은 아니다. 오히려 그 반대로, 권리를 일종의 울타리처럼 생각해야 좋은 결과를 얻을 수 있다는것이 가장 흔하게 제시되는 권리 옹호 논거이다. 역설적으로 들리겠지만, 이 주장에 따르면 개인과 정부가 누군가의 권리

---

* 노직에 따르면, 공리주의는 행복을 우리가 도달해야 하는 어떤 상태로 보고 권리는 그것을 이루는 데 요긴한 수단으로 인식한다. 하지만 노직은 권리를 공리주의적 방식으로 이해하기보다는 마치 "타인을 폭행해서는 안 된다"처럼 결과와 무관하게 어떤 것을 해서는 안 된다는 무조건적인 제약으로 봐야 한다고 주장한다. 그는 이런 의미에서 권리를 "Side constraints"라고 부른다. 이는 "측면 제약", "부수적 제약"이라고 번역되기도 하지만 권리에 대한 노직의 견해를 보다 분명하게 드러내기 위해 여기서는 "일종의 강한 제약"이라고 번역한다.

| 정치란 무엇이어야 하는가 |

를 침해하지 못하게 막고, 정부가 공익을 앞세워 효용을 추구하는 방식을 제한하는 것이 효용을 극대화한다. 다시 말해, 사람들이 자신의 안녕을 극대화하는 데 모든 방법과 수단을 사용하지 못하게 하는 것이 오히려 모두를 번창하게 한다.

우리는 이제까지 권리가 어떤 역할을 하는지 그리고 그것이 왜 중요한지 살펴보았다. 그러나 아직 생각해봐야 하는 여러 가지 문제가 있다.

1. 우리는 어떤 권리를 갖고 있는가?
2. 권리는 얼마나 강력한가? 절대적인가, 아니면 상대적인가?
3. 우리는 권리를 양도하거나 상실할 수 있는가?

만약 권리가 절대적이라면, 권리를 침해하는 것은 언제나 잘못된 것일 수밖에 없다. 다른 어떤 것도 권리보다 더 중요하지 않다는 의미이다. 반면 권리가 상대적이라면, 권리 침해를 대체로 지양해야 하지만, 특별한 상황에서는 권리 존중의 의무보다 다른 도덕적 고려를 중요하게 여길 수 있다. 노직과 롤스를 포함해 많은 철학자는 권리를 절대적인 것으로 생각하지 않는다. 별다른 이유 없이, 특히 성과를 높이기 위해 권리를 침해해서는 안 되지만 모든 경우에 그렇다고 보기는 어렵다는 것이다. 일례로 특정 종교를 법으로 금지하면 향후 10년간 GDP 20%가 증가할지라도 이것은 신앙의 자유를 침해하는 충분한 이유가 될 수 없다. 그러나 어떤 심대한 재앙에서 벗어날 수 있다면 권리 존중의 의무를 지키지 않을 수도 있다. 예를 들어, 치명적인 전염병이 확산하는 것을 막기 위해 현재 감염된 환자를 병동에 강제 격리하는 것은 정당화 가능하다.

권리가 양도 가능하다는 말은 권리를 다른 사람에게 이전할 수 있다는 것을 의미한다. 즉 누군가는 권리를 잃고 누군가는 권리를 취득할 수 있다. 내가 가지고 있는 악기를 누군가에게 팔거나 줄 수 있는 것처럼, 어떤 권리는 양도 가능하다. 그러나 그렇지 않은 권리도 있다. 우리는 타인에게 자기 자신을 노예로 팔아 그 대가로 엄청나게 많은 돈을 받으려 하는 사람이 자기 자신을 팔 권리를 가지고 있다고 생각하지 않는다.

반면 권리를 상실한다는 말은 특정한 방식으로 행동할 경우 권리를 잃을 수 있다는 것을 의미한다. 누군가 자전거를 숲속에 20년간 방치해 놓았다면, 그 사람은 자전거에 대한 소유권을 상실했다고 볼 수 있다. 20년 뒤 자전거를 발견한 사람이 임자라고 보아도 무방하다. 다른 사례를 생각해보자. 내가 공원에 가서 무작위로 총격을 가한다면, 다른 사람들은 내가 더는 총을 쏘지 못하도록 나를 얼마든지 죽일 수 있다. 적어도 그 같은 행위를 하는 동안 나는 생명에 대한 권리를 상실했다고 볼 수 있다.

진부한 표현이지만, 한 사람의 권리는 다른 사람의 권리가 시작되는 지점에서 끝난다. 표현의 자유가 있다고 해서 새벽 두 시에 다른 사람의 집에 허락도 없이 들어가 마구 노래해도 되는 것은 아니다. 야구 방망이에 대한 소유권은 이웃의 자동차를 망가뜨릴 권리를 함축하지는 않는다.

따라서 권리 이론을 수립할 때 해야 하는 일 중 하나는 우리가 가지고 있는 권리의 경계를 분명하게 하는 것이다. 당연한 말이지만, 내가 옆집을 지나갈 때 나의 움직임으로 인해 발생하는 중력이 옆집에 약간 영향을 미친다고 해서 이를 가택침입이라 하지 않는다. 그러나 허락 없이 그 집 앞마당에서 파티를 여는 것은 가택침입으로 간주할 수 있다. 그런데 판단하기 어려운 경우도 많다. 이웃집 강아지가 우리 집 마당에 들어와 배변하는 것을 강아지 주인이 내버려두는 경우가 그렇다. 배설물을 바로 수거하는 경우와 그렇지 않은 경우를 구분해야 하는가?

자유의 본질과 가치

3

현대 국가는 대부분 자유를 기치로 내건다. 그런데 우리가 정말 자유로운 사회에서 살고 있는지 의문이 드는 경우도 적지 않다. 이에 대해 논하기 전에 자유는 무엇인지 그리고 그것은 가치 있는지부터 생각해야 한다.

20세기 정치철학자 이사야 벌린Isaiah Berlin은 "자유의 두 개념 Two Concepts of Liberty"에서 영어 단어 'liberty'와 'freedom'이 거의 백 개가 넘는 서로 다른 의미로 사용되어왔다고 주장한다.[11] 일상생활에서 하나의 용어가 다양한 의미로 사용되는 경우가 흔하듯, 두 단어 역시 일상 화법에서 여러 가지 의미로 사용된다. 그런데 여기서 벌린은 더 나아가 많은 학자들이 주로 두 가지 방식으로 자유라는 개념을 사용하고 있다고 진단한다. 벌린은 이 두 가지 방식을 각각 '소극적으로 이해한 자유^{negative liberty}'와 '적극적으로 이해한 자유^{positive liberty}'로 부른다.

소극적으로 이해한 자유는 어떤 것이 부재한 상태를 일컫는다. 즉 다른 이의 저지, 제약, 방해, 지배가 없는 상태를 의미한다. 예를 들어, 미국 헌법은 의회가 표현의 자유를 저해하는 법을 제정하는 것을 금지한다. 말하자면 표현의 자유를 보호하려는 것이다. 한편 "자유무역^{free trade}"은 흔히 어떤 제약 없이 외국 사람들과 거래할 수 있는 경제 체제를 뜻한다. 두 경우 모두 자유는 다른 이의 방해가 없는 상태를 의미한다.

반면 적극적으로 이해한 자유는 어떤 것이 있는 상태를 일컫는다. 통상 어떤 힘, 능력 혹은 역량이 있는 것을 의미한다. 벌린이 이해한 '적극적 자유'는 극기克근에 가깝다.* 스스로 목표를 설정하고 합리적이고 자율적인 방식으로 행동할 수 있는 능력을 지칭하기 때문이다.[12] 그러나 현재 철학에서 적극적

---

* 조금 더 생각해보면 극기는 두 가지 요소로 구성되어 있다. 하나는 어려움을 극복하려는 의지이고 다른 하나는 실제로 어려움을 극복할 수 있는 능력이다. 만일 둘 중 하나라도 부족하면 자기 자신을 다스리며 목표를 달성해나갈 수 없을 것이다. 그런데 어떤 면에서 보면 의지는 역량의 산물이라고 할 수 있다. 설령 그렇지 않다고 해도 의지를 제도적으로 함양하기에는 어려운 면이 없지 않다. 그 결과 현대 정치철학자들은 대체로 누군가 자신이 추구하는 목표나 목적을 이룰 수 있는 역량이 있을 때 그가 적극적인 의미에서 자유롭다고 말한다.

으로 이해한 자유는 흔히 자신이 추구하는 목표나 목적을 이룰 수 있는 역량을 의미한다. 예를 들어, 새는 자유롭게 날 수 있지만 나는 그렇지 못하다는 말은, 새는 날 수 있는 능력이 있지만 나는 그런 능력이 없다는 것을 의미한다.

이런 방식으로 이해한 적극적 자유는 부유함과 밀접하게 연계되어 있다. 현대 마르크스주의자 제럴드 코헨$^{Gerald\ Cohen}$은 언젠가 "돈이 곧 자유"라고 말했다.[13] 그는 돈, 더 정확하게는 돈이 표징하는 진정한 부유함은 세상이라는 무대에 입장하기 위해서 반드시 있어야 하는 티켓과 같다고 말한다. 부유하면 부유할수록 할 수 있는 일이 많아지는데, 이런 의미에서 부유할수록 더욱 자유롭다.

벌린은 자유를 이해하는 두 가지 방식이 사실 각각의 전통을 따르는 것이라고 말한다. 이 전통은 서로 다른 정치적 비전과 결합하여 각자의 입장을 더욱 공고하게 다져왔다고 벌린은 주장한다. 자유가 무엇을 의미하는가를 둘러싼 논의가 종종 이념 투쟁으로 비치는 것도 이로 인한 결과이다. 고전적 자유주의자나 자유지상주의자는 적극적 자유가 실제로 시민이 누려야 하는 권리의 일종으로 여겨지면, 우리는 역설적으로 국민이 자유로워지도록 강요하는 사회주의 국가나 전체주의 국가를 용인할 수밖에 없다고 주장한다. 물론 마르크스주의자나 사회주의자는 이 같은 지적을 비판으로 받아들이지 않는다. 그들의 관점에서 소위 "소극적 자유"는 국민이 법적으로 적극적 자유를 누릴 수 있는 상태에 이르지 못하는 한 아무런 쓸모가 없다. 따라서 그들은 사회주의 사회가 모든 국민이 인간다운 삶을 누리는 데 필요한 부를 충분히 확보하게 해야 한다고 주장한다. 그들이 사회주의 경제가 전적으로 시장에 기초한 경제보다 우월하다고 보는 것도 이 때문이다.[*]

이제는 진부하다고 여겨지는 "자유"의 의미에 대한 장구한 논의는 어쩌면 몇 가지 착오 때문에 생겨난 것일 수도 있다. 문제는 고전적 자유주의자와 사회주의자 모두 정부가 나서서 자유를 그 자체로 수호하고 증진해야 하는 어떤 것이라고 보았다는 점이다. 일단 자유가 그토록 소중한 것이라고 가정하면, 자연히 그것을 어떻게 이해하는 것이 적절한지를 놓고 치열한 논쟁이 일어날 수밖에 없다. 즉 이념 투쟁으로 이어진다.

하지만 그렇게 생각할 이유가 있을까? 철학적 관점에서 보

---

[*] 적극적 자유를 옹호하는 사람들에 따르면, 누구나 적극적인 의미에서의 자유, 즉 자신이 원하는 바를 이룰 수 있는 역량을 갖추는 것이 중요하고, 이에 따라 국가는 가난하고 무능한 사람도 그런 역량을 가질 수 있는 사회제도를 구축해야 한다. 이에 대해 소극적 자유를 옹호하는 사람들은 아무리 뜻이 좋아도 그런 제도를 만드는 것이 곧 전체주의 국가로 나아가는 지름길일 수밖에 없다고 지적한다. 종국에는 사람들의 역량이 증진하기는커녕 사람들이 스스로 생각하고, 표현하고, 판단할 자유마저 구속당하게 될 것이라고 경고한다.

| 정치란 무엇이어야 하는가 |

면, 우선 해야 하는 일은 자유의 의미를 분석하는 것이다. 그러나 어느 정도 자유의 의미를 분석한 뒤에는, 분석 결과를 바탕으로 그와 같은 방식으로 이해되고 있는 자유의 가치가 무엇인지 질문해야 한다. 다시 말해, 자유의 의미를 규정하는 일과 그것이 지닌 가치를 따지는 일은 전적으로 다르다. 자유의 의미를 규정하는 것은 자유의 가치를 논의하기 위한 정지 작업일 수 있지만, 자유의 의미가 자유의 가치를 결정하지 않는다는 사실을 이해하는 것이 중요하다.

자유의 의미를 해석하는 방식과 별개로 자유의 가치는 적어도 두 차원에서 논할 수 있다. 하나는 본래적으로 가치 있는가$^{intrinsically\ valuable}$를 따지는 것이고, 다른 하나는 수단적으로 가치 있는가$^{instrumentally\ valuable}$를 따지는 것이다.

자유가 본래적으로 가치 있다는 말은, 자유가 그 자체로 가치 있다 또는 자유가 목적 그 자체라는 의미이다. 예를 들어, 다른 사람의 일에 간섭하지 않아야 한다고 생각하는 사람이 있을 수 있다. 간섭하는 것이 간섭하지 않는 것보다 결과가 더 좋아도 그래서는 안 된다고 생각한다면, 즉 간섭하지 않음이 그 자체로 좋다고 생각한다면, 이 사람은 타인에게 간섭하지 않는 것을 본래적으로 가치 있다고 여기는 것이다. 실제로 자유지상주의자와 자유주의자 상당수는 우리가 다른 사람을 도덕공동체의 일원이자 목적 그 자체로 존중한다면, 다른 사람이 상당한 정도로 사적인 자유를 누릴 수 있도록 방해하지 않을 의무가 있다고 생각한다. 다시 말해 누군가 사회적으로 아무런 쓸모없는 견해를 자기 마음대로 자유롭게 표현해도 그러한 행위를 하는 것은 그 사람의 권리라고 인정하고 존중해야 한다는 것이다.

타인의 자유를 인정하는 것이 상호 존중의 문제라고 생각하는데 어떤 거창한 도덕 이론이 필요한 것은 아니다. 서로 공격하거나, 훔치거나, 훼방하지 말아야 한다고 생각하는 것은 상식적으로 당연하다. 당사자에게 유익하다고 해서 다른 사람이 피우고 있는 담배를 입에서 낚아채버린다거나, 만화책보다 순수문학을 읽도록 강제할 수 없다. 전시 상황이어도 사람들을 강제로 전쟁터에 끌고 가서 싸우게 할 수 없으며, 가게 주인의 경영 방식이 아무리 답답하고 고리타분해도 최신 경영 기법에 맞춰 가게를 운영하라고 강요할 수 없다. 우리는 사람들에게 좋은 일을 하라고 강요하거나 사이비 종교를 믿지 못하게 막을 수도 없다. 자유지상주의자는 물론이고 진보와 보수를 막론해 상당수의 자유주의자는 정부 역시 이러한 원칙에서 예외가 아니라고 생각하지만, 공동체주의자나 사회주의자는 생각을 달리한다.

| 정치란 무엇이어야 하는가 |

한편 자유가 수단적으로 가치 있다는 말은, 자유를 수호하거나 증진하는 것이 우리가 가치 있다고 여기는 다른 어떤 결과나 성과를 얻을 수 있게 유도한다는 것을 의미한다. 예를 들어, 19세기 경제학자이자 철학자인 존 스튜어트 밀^{John Stuart Mill}은 양심, 사상 그리고 라이프스타일의 자유가 과학과 사회 분야의 진보를 이끈다고 주장한다.¹⁴ (이 주장은 앞으로 좀 더 면밀하게 살펴볼 것이다.) 다른 경제학자도 흔히 경제적 자유를 지키는 것이 사람들을 더 부유하게 만드는 길이라고 주장한다.

이처럼 자유의 가치를 유형별로 분류해도 자유의 가치가 얼마나 큰지 알 수 있는 것은 아니다. 자유는 오직 본래적 가치만 있다고 생각하는 사람이 자유는 오직 수단적 가치만 있다고 생각하는 사람보다 자유에 더 큰 가치를 부여하는 것은 아니다. 자유의 가치는 본래적이라고 생각해도 중요한 가치는 아니라고 생각할 수 있고, 자유가 단지 다른 어떤 것을 성취하는 요긴한 도구에 지나지 않는다고 생각해도 매우 중요한 가치라고 생각할 수 있다. (비유하면 산소는 그 자체가 목적인 본래적 가치라고 보기 어렵다. 하지만 산소보다 우리에게 더 가치 있는 것은 별로 없다.)

인생의 목적을 이루는 데 필요한 역량을 갖추는 것은 매우 소중한 자유이고, 부가 이러한 역량을 획득하는 데 상당한 영향을 미친다는 사회주의자의 주장이 옳다고 가정하자. 그리고 이 같은 적극적 자유가 널리 퍼져 모든 사람이 고루 누리는 것이 정의롭다고 가정하자. 이 가정을 모두 받아들여도 여전히 사회주의보다 자본주의를 선호할 수 있다. 사회주의를 버리고 자본주의를 채택해야 하는 어떤 하나의 도덕적 이유가 있다면 바로 이것이라고 주장할 수도 있다. 사실 사회주의와 자본주의 그리고 두 체제를 혼용한 것 중 무엇이 적극적 자유를 가장 잘 증진하고 수호할 수 있는지를 따지는 것은 경험적이고 사회과학적인 문제이다. 경제학 교과서에서는 적극적 자유를 증진하는 데 자유무역, 사유재산 그리고 시장 경제가 사회주의 경제 체제보다 비교 우위에 있다고 소개한다. 일부 사회주의자는 적극적 자유가 일종의 이상이라고 주장한다. 하지만 적극적 자유를 어떤 의미로 사용하든 사회주의가 자본주의보다 적극적 자유를 더 잘 증진한다고 볼 근거는 없다.

앞서 보았듯 자본주의자와 사회주의자가 같은 자유 개념을 사용할 수 있으며 심지어 자유의 가치에 대해서도 생각이 일치할 수 있다. 이런 경우 발생하는 분쟁은 도덕적이거나 철학적인 것이 아니다. 오히려 세계가 어떻게 작동하는지, 실제 세계에서 그들이 추구하는 가치를 구현하는 방법은 무엇인지에 대한 일련의 경험적 주장이 분쟁의 대상이다.*

---

*　사회주의를 지지하지 않아도 부와 재산, 그리고 사회적 지위가 인생에 상당한 영향을 끼친다는 것을 부인할 사람은 많지 않을 것이다. 그리고 우리는 가능하면 많은 사람이 적극적 자유를 누리기를 희망한다. 이렇게 보면 사회주의와 자본주의가 서로 다른 이상을 가지고 있다고 말하기 어렵다. 다시 말해, 흔히 생각하는 것과 달리 자본주의자와 사회주의자는 서로 다른 곳을 지향하지 않는다. 양측 모두 자유, 적극적인 의미의 자유를 소중하게 여기고 이를 구현하려는 목표를 공유하고 있으나 구체적으로 어떤 방식으로 구현할지를 달리 생각한다.

재산권

4

재산권은 어떤 특정한 하나의 권리가 아니다. 그것은 오히려 일종의 다발처럼 여러 권리를 통칭하는 용어이다. 예를 들어 컨트리 뮤직 스타 브래드 페이즐리[Brad Paisley]가 펜더 전기 기타를 소유하고 있다는 말은 다음 중 일부 혹은 전부를 의미할 수 있다.

1 · 페이즐리는 자신의 기타를 마음대로 사용할 수 있다. 즉 다른 사람의 권리를 침해하지 않는 일반적인 상황에서 자신이 기타를 연주하고 싶을 때, 연주하고 싶은 방식으로 자유롭게 기타를 사용할 수 있다.

2 · 페이즐리는 자신의 기타를 개조하거나 아예 없애버릴 수 있다.

3 · 페이즐리는 자신의 기타를 다른 사람에게 팔거나, 주거나, 빌려줄 수 있다.

4 · 페이즐리는 자신의 기타를 사용해 돈을 벌 수 있다.

5 · 페이즐리는 다른 사람이 자신의 기타를 사용하거나, 개조하거나, 파괴하거나, 어떤 방식으로든 영향을 주는 행동을 금지할 수 있다. 우리는 그 사람의 허락 없이 그 기타를 사용할 수 없다.

6 · 누군가 그 기타를 손상하거나 망가트리면 그 사람에게 보상해야 한다.

7 · 우리는 앞에서 열거한 사항을 존중해야 하는 도덕적 의무가 있다. 우리는 그가 기타를 자신이 원하는 방식으로 사용하고, 개조하고, 양도하고, 다른 사람의 사용을 제한하고 심지어 파괴하는 것을 방해하지 말아야 하는 도덕적 의무가 있다.[15]

이 같은 여러 권리는 '재산권'이라는 범주에 속하는데, 재산권은 어떤 대상을 소유한 사람에게 상당히 광범위한 통제와 재량의 권한을 부여하는 동시에 다른 사람들이 그 대상에 영향을 미치는 것을 크게 제한한다.

하지만 재산권은 본래 여러 권리를 통칭하는 용어이기 때문에 그 형태는 다양하다. 어떤 것을 소유하고 있다고 해도 앞에서 열거한 구체적인 권리 상당수를 포함하지 않을 수 있다. 페이즐리가 강아지를 소유하고 있다고 상상해보자. 강아지를 소유하는 것과 기타를 소유하는 것은 분명히 다르다. 둘의 소유자는 같지만, 강아지는 기타와 달리 마음대로 파괴할 수 있는 것이 아니다. 다른 것도 유사한 방식으로 생각할 수 있다. 콘도 회원권을 소유하고 있어도 제한 없이 아무 때나 콘도를 빌릴 수 있는 것은 아니다. 빌딩 외벽 색을 무엇으로 칠할지 문제도 전적으로 빌딩 소유자 마음대로 결정할 수 있는 것은 아니다.*

재산권의 의미를 어느 정도 정리했으니 이제 재산권과 연관된 다양한 도덕적 이슈에 대해 생각해보자. 우선 사람들이 사유재산을 갖는 것이 옳은지 따져볼 수 있다. 역으로 정부 혹은 단체가 재산을 갖는 것이 정당한지도 생각해볼 필요가 있다. 어떤 것을 소유할 수 있고 어떤 것을 소유할 수 없는지, 재

---

* 콘도 회원권 구매 시 동의한 회원권 사용 조항에 따라 정해진 객실에서 정해진 일수만큼만 묵을 수 있다. 또한 통상 건축물에 대한 도시 조례는 건물의 채색을 규제한다.

산권은 얼마나 강력한지도 따져봐야 한다.[*] 물론 각각의 경우에 재산권의 내용이 무엇인지 생각해봐야 한다.

18세기 철학자 장 자크 루소Jean-Jacques Rousseau는 인류가 사유재산 제도를 채택한 것은 그야말로 재앙이라고 말한다.

> 어떤 땅에 울타리를 두르고 "이 땅은 내 것이다"라고 선언하는 일을 생각해내고 다른 사람들이 그런 말을 믿을 만큼 단순하다는 사실을 발견한 최초의 인간이 문명사회의 실질적인 창시자이다. 말뚝을 뽑아버리고 토지의 경계로 파놓은 도랑을 메우면서 동포를 향해 "저런 사기꾼의 말은 듣지 마시오, 과일은 모두의 소유이고 땅은 그 누구의 소유도 아니라는 사실을 잊는다면 당신들은 파멸할 것이오."라고 외친 사람이 있었다면 그는 얼마나 많은 죄악과 싸움과 살인으로부터 그리고 얼마나 많은 비참과 공포로부터 인류를 구제해주었을 것인가![16]

---

[*] 사유재산은 개인만이 가질 수 있는 것이 아니다. 기업은 물론 공공기관과 시민단체도 사유재산을 가질 수 있다. 우리가 사유재산 제도를 받아들여도 실제로 무엇을 소유할 수 있는지는 국가에 따라 다를 수 있다. 예를 들어, 중국에서는 토지를 소유할 수 없지만 한국에서는 가능하다. 가택 침입자에게 집주인이 취할 수 있는 대응 수위, 즉 미국에서는 총을 쏘거나 위협할 수 있지만 한국에서는 그럴 수 없다. 이는 재산권을 얼마나 강력한 권리로 인정하는가에 대한 문제이다.

| 정치란 무엇이어야 하는가 |

루소는 인류가 사유재산을 갖지 않는 것이 더 좋았을 것이라고 본다. 이 책의 1장에서 언급한 것처럼 제도를 망치에 비유해 생각해보면, 루소는 사유재산 제도의 목적은 가진 사람이 그렇지 않은 사람을 내려치는 것이라고 말할 것이다.

　　루소의 말은 일리 있다. 정부와 집단의 재산권까지 포함해서 재산권 자체가 정당하다는 것을 보여야 한다. 특히 재산권이 있어야만 하는 필수 불가결한 이유가 있는지 생각해봐야 한다.

　　사람들이 어떤 것도 소유하지 않고 드문드문 떨어져 사는 상태를 상상해보자. 이러한 세상에서 사람들은 가고 싶은 곳에 자유롭게 갈 수 있고, 눈에 보이는 과일을 거리낌 없이 따 먹을 수 있고, 자신이 원하는 곳 어디서든 잘 수 있다. 그런데 어느 날 한 사람이 토지 일부에 울타리를 치고 그것이 자신의 것이라고 주장한다고 가정하자. 언뜻 생각하기에도 자칭 땅 주인은 다른 모든 사람의 자유를 제한하고 축소하는 것처럼 보인다. 바로 얼마 전까지만 해도 사람들은 어디든 자유롭게 갈 수 있었는데 갑자기 이상한 사람이 나타나 이제 그럴 수 없다고 주장하는 것과 다름없기 때문이다. 사람들이 이 같은 주장을 따라야 하는 이유가 있는가? 있다면 무엇인가?

18세기 철학자 존 로크^{John Locke}는 이렇게 답한다. 농사를 짓는 것처럼 다른 사람들이 충분히 생산적인 방식으로 노동할 수 있는 "충분히 좋은" 땅을 남겨두었다면 그의 재산권을 인정할 수 있다.[17] 물론 다른 사람들이 사용할 수 있는 충분히 좋은 땅을 남겨둔다는 것이 불가능하다고 비판할 수도 있다. 어찌 되었든 땅은 새로 만들어낼 수 있는 것이 아니기 때문이다. 누군가 2에이커의 땅을 독차지하면, 다른 사람들은 그 2에이커를 제외한 땅을 사용할 수 있다. 다른 자원도 마찬가지다. 어떤 사람이 석유 매장지에서 석유 1갤런을 채굴하면, 다른 사람들은 본래 있던 것보다 1갤런이 줄어든 만큼의 석유 자원을 사용할 수 있다.

현대 철학자이자 경제학자인 데이비드 슈미츠^{David Schmidtz}는 우선 로크에 대한 이 같은 비판이 사실을 왜곡하고 있다고 응수한다. 로크를 비판하는 사람들은 경제를 마치 미국 초기 식민지 개척 시대에 누구도 소유하고 있지 않은 땅을 나눠 갖는 것과 같은 방식으로 생각한다는 것이다. 그래서 이들은 누군가 자원을 선점하면 다른 사람들은 아무것도 가질 수 없는 것처럼 설명한다고 말한다. 하지만 경제는 그런 것이 아니다. 우리는 선조들보다 훨씬 더 나은 상태에 있다. 현재 미국인은 1600년대 미국에 이주한 유럽 이민자들의 평균보다 무려 60

| 정치란 무엇이어야 하는가 |

배 더 풍요로운 삶을 누리고 있다.[18] 현재 수입이 최저 생계비에 이르는 사람의 생활 수준도 초기 미국 식민지 시대의 평균 생활 수준보다 10배 이상 높다.[19] (사실 이 같은 비교치는 과소평가 된 것이다. 이 수치는 오늘날 미국인이 누리는 각종 복지 혜택은 전혀 계산에 포함하지 않았기 때문이다.) 현재 미국 정부가 빈곤 계층이라고 보는 미국인의 생활 수준도 1900년대 미국인의 평균적인 생활 수준보다 최소 4배 이상 높다.[20]

이 모든 것은 시장과 경제성장 덕분이다. 우리가 오늘날 누리는 풍요로움은 2,000년 전은 물론이고 50년 전만 해도 존재하지 않았다. 전 세계적으로 보아도 개인소득은 2,000년 전에 비해 적어도 15배 증가했다.[21] 부는 그저 옮겨 다니는 것이 아니라 창출되는 것이다.

서기 1000년에 전 세계에서 생산된 모든 부를 당시 살아 있는 모든 사람에게 골고루 나눠준다고 상상해보자. 이 경우에 생활 수준은 아마 오늘날 아이티나 말라위 같은 최빈국에 사람들의 평균 생활수준보다 낮을 것이다. 그러나 현재 세계인의 평균 생활수준은 이러한 가정을 한 상황보다 10배 이상 높다.

이러한 경제성장이 가능한 이유 중 하나가 바로 사유화이다. 누구도 소유하지 않은 토지는 대개 아무것도 생산하지 못하는 땅이다. 로크가 말하듯, 아무도 땅을 소유하지 않고 방치하는 것보다 누군가 땅을 소유하고 경작하는 것이 괄목할 만한 정도로 생산성을 높인다. 더구나 시장이 제대로 작동하는 상황에서 사람들은 잉여물을 서로 교환하는 경향이 있는데, 이로 인해 모두 윈-윈 할 수 있게 된다. 결론적으로 로크와 경제학자들은 누구의 소유도 아닌 자원을 체계적인 방식으로 사유화할 수 있도록 하는 것이 모든 사람의 복리를 향상하는 길이라고 말한다. 다시 말해, 사유화는 그저 다른 사람들에게 충분히 좋은 것을 남기는 정도가 아니라 훨씬 더 많고 좋은 것을 남긴다.

슈미츠는 루소가 잘못 보았다고 생각한다. 루소는 아무도 소유하고 있지 않았던 자원을 사유화하게 되면 자연히 향후 사유화할 수 있는 자원의 총량이 줄어들 것이라 보았다. 하지만 그의 생각과 달리 자원의 사유화는 향후 소유가능한 자원의 총량을 감소시키지 않는다.[22] 물론 루소의 지적처럼 사유화는 어떤 면에서 사람들의 자유로운 활동에 걸림돌이 될 수 있다. 그러나 체계적인 사유화의 긍정적인 효과를 생각하면 이런 불편함은 충분히 감내할 수 있는 것이다. 사유화는 사람들이 자신의 목적을 성취하는 데 필요한 적극적 의미의 자유, 즉 역량을 크게 높이기 때문이다.

슈미츠는 이처럼 사유화의 효과를 보여주는 한편, 사유화를 받아들이지 않을 때 발생할 수 있는 문제도 검토한다. 슈미츠는 다른 사람들에게도 충분히 좋은 것을 남긴다면, 자원의 사유화를 용인할 수 있을 뿐만 아니라 그렇게 하지 않는 것은 잘못이라고 말한다. 어떤 자원이 존재하고 또한 그것의 소유자가 아무도 없는 상황에서는 20세기 생태학자 개릿 하딘 Garrett Hardin이 말한 "공유지의 비극" 현상을 겪기 십상이다.[23] 하딘은 자원 소유자가 없는 상황에서는 사람들이 자원을 잘 관리할 만한 유인이 거의 없다고 본다. 오히려 이 상황은 다른 사람보다 먼저 자원에서 최대한 많은 것을 뽑아내려는 동기를 유발한다. 그 결과 공유 자원이나 아무도 소유하지 않은 자원에서는 긴 안목을 갖고 가치를 창출할 수 없다. 모든 사람이 장기간에 걸쳐 자원을 잘 활용하기를 원해도 타인이 자신처럼 지속가능한 방식으로 자원을 사용할지 보장할 수 없기 때문이다.

좀 더 구체적인 예를 들어 보자. 모두가 공유하고 있는 목초지에 10명의 양치기가 목축하고 있다고 상상해보자. 이들은 각각 양을 10마리씩 기르고 있고, 목초지는 최대한 100마리의 양을 감당할 수 있다. 그리고 모든 양이 아무 문제 없이 배불리 먹고 잘 자랐을 때 양 한 마리의 가격은 100달러이다. 이 상황에서 10명의 양치기는 각자 한 마리에 100달러인 양을 10마리씩 기르고 있으므로, 각자의 재산 총액은 1,000달러에 이를 것이다. 토지의 경제적 가치 측면에서 보면 토지의 생산 총액은 매년 1만 달러에 이른다. 그런데 어느 양치기가 양 한 마리를 더 데려와 목초지의 양이 총 101마리가 되었다고 해보자. 앞서 가정했듯 전체 목초지가 감당할 수 있는 양의 수를 초과했으므로 목초지는 서서히 죽어가기 시작할 것이다. 적어도 목초지 일부의 풀은 다시 자라지 않아 그 자리는 불모지로 변할 것이다. 이제 목초지는 모든 양이 배불리 먹을 수 있을 만큼의 충분한 풀을 생산하지 못한다. 그로 인해 이 목초지에서 방목하는 양의 털은 그전처럼 풍성하지도 윤기 흐르지도 않을 것이고, 양고기 또한 전처럼 맛있지 않을 것이다. 아무튼 결과적으로 이제 양 한 마리의 가치는 100달러가 아니라 95달러라고 해보자. 이런 상황이 벌어지면 모든 양치기에게 손해이므로 의도적으로 이러한 결과를 초래하는 양치기는 아마 없을 것이라고 생각해야 할까? 양 한 마리를 더 데려온 양치기를 생각해보면 반드시 그런 것은 아니다. 그는 이제 한 마리에 95달러인 양 11마리를 보유해, 그의 총 재산액은 45달러 증가한 1,045달러이다. 반면 목초지 전체의 생산 총액은 감소하는데, 한 마리에 95달러인 양 101마리를 기르게 되어 총 생산량은 9,595달러에 불과하다. 다른 양치기들의 재산 총액은 1,000달러가 아니라 950달러로 줄어든다. 아마도 손해를 입은 양치기들은 손실을 줄이기 위해서라도 앞다퉈 양의 수를 늘릴 것이다. 이 같은 악순환이 반복되면 목초지는 점차 불모지가 될 것이다.

여기서 잠시 논의를 멈추고, 야구 규칙의 사례를 통해 규칙이 작동하는 방식을 생각해보자. 야구의 궁극적인 목적은 하는 사람이나 보는 사람의 즐거움이다. 따라서 즐거움을 체계적으로 도모할 수 있게 게임의 규칙을 만들어야 한다. 그런데 야구 심판이 그와 같은 목적을 염두에 두고 선수들의 행동과 플레이 하나하나에 개입한다면 어떻겠는가? 심판의 의도와 달리 게임은 하나도 재미없을 것이고, 결국 게임을 망치게 될 것이다. 야구 게임이 흥미진진한 것은 의도치 않게 벌어지는 긴장과 역경 그리고 이를 넘어서기 위한 노력이 있기 때문이다. 물론 더 재미있게, 더 안전하게, 더 신속하게 게임을 진행하기 위해 규칙을 변경하거나 수정하거나 보완할 수 있다. 하지만 재미를 배가하기 위해 야구장에서 심판 개인이 규칙을 변경하거나 플레이를 유도해서는 안 된다.

이런 맥락에서 "다른 사람을 위해서 충분히 좋은 것을 남겨 놓아야 한다"는 "로크의 단서Lockean proviso"[*]는, 사유재산 제도를 구성하는 수많은 규칙 중 하나로 이해하는 것이 합리적이다. 로크의 말을 문자 그대로 받아들이면 모든 사유화 과정에서 매번 단서를 개별적으로 적용해야 한다. 일례로 내가 어딘가에 집을 지으려 계획할 때 이로 인해 다른 누군가의 토지 매입 조건이 나빠지지는 않는지 먼저 살펴봐야 한다. 그리고 만일 그렇다면 집을 지어서는 안 된다. 하지만 이는 지나치게 경직된 방식으로 단서를 적용하는 것처럼 보인다. 만약 내가 "사유재산"이라는 게임에서 정하고 있는 사유화 규칙을 위반하지 않고, 이 게임이 전반적으로 우리가 원하는 결과를 이끌어내기 때문에 정당화된다면, 내가 어딘가에 집을 짓는 것도 정당화할 수 있다.

이 장에서 우리는 사유재산권 체계가 야기하는 일련의 결과를 생각해보았다. 이외에도 재산권에 대한 찬반 논쟁은 여

---

* "로크의 단서"는 사유화를 인정하려면 반드시 준수해야 하는 단서, 즉 사전적으로 충족해야 하는 요건을 의미한다. 로크는 누군가 주인 없는 땅을 사유화하려면 다른 사람들도 자신처럼 땅을 사유화할 수 있는 기회가 충분한 정도로 남아 있어야 한다고 말한다. 달리 말해, 누군가 사유화를 통해 소득을 높일 수 있는 기회를 얻었다면 다른 사람도 그와 유사한 기회를 얻을 수 있어야 한다는 것이다. 로크는 이 단서가 존재함으로 인해 누군가 어떤 것을 사유화하려 할 때, 다른 사람들이 안심하고 사유화를 용인할 수 있게 된다고 본다. 로크의 제안은 본래 농토의 사유화를 염두에 둔 것이지만 여러 다른 경우에도 응용하여 사용하기에 적합한 모델이다. 오늘날에는 사유화로 인해 다른 사람들이 그 전보다 더 나쁜 상태에 이르지 않도록 해야 한다는 말로 이해된다. 그러나 로크의 단서는 양면을 지니고 있다. 왜냐하면 사유화로 인해 다른 사람들이 성공할 가능성이 현저하게 줄어든다면 사유화 자체가 불가능하기 때문이다.

| 정치란 무엇이어야 하는가 |

기서 모두 다룰 수 없을 정도로 많이 있다. 다른 장에서 이 중 일부를 다룰 것이다.

평등과 분배정의

5

유복한 가정에서 태어나는 사람도 있지만 그렇지 못한 사람도 있다. 존 롤스는 진보주의자, 사회주의자들이 그랬듯이 이 같은 상황이 공정한지 의문을 가졌다.

하버드 대학의 저명한 철학 교수였던 롤스는 미국에서 가장 부유한 사람 중 한 명이었다. 지금까지 지구상에 존재한 부유한 사람 중 하나라고 해도 과언이 아니다. 그러나 롤스는 그가 부자인 것이 어떤 의미에서는 좋은 운 때문이라고 생각한다. 좋은 지적 능력을 타고난 것도, 창조적인 생각을 할 수 있었던 것도, 매우 양심적이었던 것도 좋은 유전자 덕분이었을 수 있다. 더구나 그는 부유한 집안에서 태어나 지적 재능을 더욱 발전시킬 수 있었는데, 덕분에 사립학교를 거쳐 프린스턴 대학에 진학할 수 있었다. 그가 나쁜 유전자를 갖고 태어났거나, 가난한 환경에서 태어났다면 지금처럼 성공하기는 어려웠을 것이다. 롤스는 자신이 이 같은 타고난 행운을 누릴 자격이 있다고 생각하지 않는다. 우리가 태어나기 이전에, 아직 인간의 몸을 갖지 않은 영혼들이 천국에서 실시하는 일종의 자격시험을 치른 뒤 가장 높은 점수를 받은 영혼은 부유한 가정에서, 낮은 점수를 받은 영혼은 빈민가에서 태어난다고 생각할 만한 근거가 없기 때문이다. 합리적으로 판단하면, 유전적 차원에서 그리고 사회적 차원에서 모두 그저 운이 좋았을 뿐이라고 롤스는 말한다.

이런 이유로, 롤스는 이 세상에서 자신이 처한 상황에 대한 자격이 있는 사람이 있는지 회의한다. 만일 당신이 지금처럼 성공할 수 있었던 이유가 당신이 올바른 선택을 했기 때문이라면, 롤스는 올바른 선택을 하게 만든 성장 배경과 유전적 요인도 당신이 선택했는지 물을 것이다. 그에 따르면 당신이 선량한 품성, 재능 혹은 근면 성실함을 가지고 있어서 지금처럼 성공할 수 있었다고 하더라도 당신의 성공은 결국 타고난 자질과 성장 환경에 의존한다.* 다시 말해 롤스의 관점에서 보면, 그것이 성품이나 재능일지라도 온전히 우리 자신이 스스로 만들어낸 것이 아니라면, 그로 인한 결과는 진정한 의미에서 자기 자신의 것이 아니며 엄밀히 말해 우리는 그것을 누릴 자격이 없다. 이러한 논리에 기반해 롤스는 어떤 자격이나 공적을 근거로 이 세상의 불평등을 정당화할 수 없다고 결론짓는다. 하지만 그는 그럼에도 불구하고 불평등으로 인해 모든 사람의 상황이 더 좋아진다면 불평등을 정당화할 수 있다고 말한다.

어느 날 우리가 그간 누구도 선점하지 않았던 어떤 자원을 동시에 발견했다고 상상해보자. 편의상 그 자원을 파이라고 하자.[24] 아마 파이를 나누는 가장 자연스러운 방법, 즉 가장 불만이 적은 방법은 모두가 똑같이 나누어 갖는 것일 것이다. 그런데 이 파이가 사실은 마법의 파이여서 파이를 자르는 방식

---

* 자신이 이룬 성과에 자부심을 느끼는 사람 중 많은 이가 그동안 자신이 했던 의사 결정, 즉 자신의 선택을 성공 요인으로 생각한다. 이 주장에 동의하지 않을 사람은 별로 없을 것이다. 하지만 지금 논의의 이슈는 그들의 선택이 성공에 영향을 미쳤는가가 아니다. 그들의 선택 자체가 유전자나 성장 환경 그리고 운과 같은 요소에 영향받지 않을 수 있는지가 논의의 대상이다. 여기서 선택이 아니라 품성, 재능, 또는 성실을 성공의 주요인이라고 생각해도 달라질 것은 없다. 여전히 이슈는 품성, 재능, 성실이 우리가 타고난 자질과 성장 환경 그리고 운에 아무런 영향을 받지 않는다고 할 수 있는가이기 때문이다. 한 가지 분명한 것은, 그렇게 생각하기 위해서는 외적 요소에 전혀 영향받지 않는 형이상학적인 의미에서 독립적인 자아 또는 행위자가 존재할 수 있다는 가정이 성립되어야 한다는 사실이다. 말하자면, 우리의 몸과 정신이 독립적으로 존재하고 있으며 정신은 신체에 아무런 영향을 받지 않는 것처럼 생각할 수 있어야 한다. 그렇지만 정신과 육체를 이처럼 전혀 전적으로 다른 것으로 생각하는 철학자는 많지 않을 것이다.

에 따라 전체 파이의 크기가 늘어나기도 하고 줄어들기도 한 다고 해보자. 이제 이야기는 달라진다. 특정한 방식으로 파이 를 자르면 모든 사람이 이전보다 더 많은 양의 파이를 받을 수 있다. 그런데 이 경우 사람들에게 돌아가는 파이의 크기가 다 르다면 반응은 어떨까? 롤스는 사람들이 합리적이고 서로 시 기하지 않는다면, 일부는 크고 일부는 작은 조각을 갖더라도 모두가 그 전보다 더 큰 파이 조각을 받는 방식을 선호할 것이 라고 말한다.

앞에서 든 비유는 실제 세상에서 시장이 작동하는 방식을 염두에 둔 것이다. 롤스는 우리의 소득, 부 그리고 기회 등이 자본의 축적에 의존하고 있다는 사실을 잘 알고 있었다. 또한 사람들이 열심히 일하고, 재능을 한껏 발휘하고, 자신이 지닌 자원을 적절하게 잘 사용하게 하려면 어느 정도의 경제적 불 평등이 필요하다는 사실도 잘 알고 있었다.

하지만 지금까지의 논의에 기초해서 롤스가 내릴 수 있는 결론은 경제학자들이 "파레토적 우월Pareto superior" 결과라고 부 르는 것을 선호해야 한다는 것뿐이다. 간단히 설명하면, 상황 A에서 상황 B로 전환할 때 다른 누구의 상황도 나빠지지 않게 하면서도 최소한 한 명 이상의 상황이 그 전보다 좋아지는 경 우 그리고 오직 그 경우에만 "파레토 개선Pareto improvement"이라고 부른다. 그리고 C라는 상황에서 한 사람 이상의 상황을 이전보다 나쁘게 만들지 않고서는 적어도 한 명 이상의 상황을 좋게 만들 수 없는 경우 "파레토 최적$^{Pareto optimal}$"이라고 부른다.

분명히 모든 사람이 평등한 상황보다 파레토적으로 우월한 상황을 선호해야 한다. 그러나 과연 파레토적으로 우월한 것 중 어떤 것이 가장 정의로운지는 분명치 않다. 아래와 같이 부의 배분 방식이 근본적으로 다른 세 가지 사회를 생각해보자. 첫 번째 사회는 평등을 지향하고, 두 번째는 국가의 총체적인 부 극대화를, 세 번째 사회는 공정을 가장 중요한 가치로 생각한다. 그리고 이들 사회가 다음과 같은 세 개의 계층, 즉 미숙련 노동자, 숙련 노동자 그리고 전문가 집단으로 구성되어 있으며 각각의 사회에서 소득 분포는 **표1**과 같다고 가정하자.

표1

	평등 지향사회	국부 지향사회	공정 지향사회
미숙련 노동자	1,000달러	15,000달러	20,000달러
숙련 노동자	1,000달러	75,000달러	50,000달러
전문가	1,000달러	500,000달러	100,000달러

롤스는 우리가 합리적이고 서로 시기하지 않는다면 국부지향 사회나 공정가치 사회에서 살기 원할 것이라고 본다. 둘 다

평등주의 사회보다 파레토적으로 우월하기 때문이다. 다시 말해, 우리가 평등에 병적으로 집착하지 않는다면 국부 지향 사회나 공정 가치 사회를 더 선호해야 마땅하다. 그러나 아직 문제가 해결된 것은 아니다. 국부 지향 사회와 공정 지향 사회 중 어느 사회를 선택하는 것이 합리적인가라는 문제가 남아 있기 때문이다.

사람들이 공정하고 합리적인 방식으로 의사결정을 한다면 이 중 어떤 사회를 선택할 것인지를 알아야 질문에 답할 수 있다고 롤스는 생각한다. 정의롭다는 것은 모두에게 공정한 상황에서 자기 이익을 추구하는 사람들이 합리적으로 동의할 수 있는 것이기 때문이다. 롤스는 "원초적 상황Original Position"이라 불리는 가상적 상황을 설정해 어떤 것이 정의로운지 보이고자 한다.

원초적 상황에서 사람들은 서로 모여 향후 그들의 삶을 규제할 제도를 결정하는 데 사용할 일련의 정의의 원칙을 선택한다. 이를 위해서는 경제와 사회에 대한 기본적인 사실을 알고 있어야 하므로 그들이 기초적인 경제학과 사회학 지식을 갖추고 있다고 가정하자. 또한 그들은 인간이 어떤 존재인지 알고 있으며 모든 사람이 원하는 것을 다 가질 수 있을 정도로 재화가 풍부하지는 않다는 사실, 즉 재화에 다소 희소성이 있다는 사실도 알고 있다.

원초적 상황에서는 롤스가 "무지의 베일^{veil of ignorance}"이라고 부른 일종의 불공정 판단 저지 장치가 사람들 앞에 드리워있다. 무지의 베일에 가려진 사람들은 자신의 가치관이 무엇인지, 종교나 철학적 입장은 무엇인지, 자신이 어느 사회적 지위나 계급에 속하는지, 타고난 재능은 무엇인지, 그리고 그 재능이 얼마나 쓸모 있는지처럼 자신이 처한 상황이나 조건에 대해 알지 못한다.

롤스는 원초적 상황에서 무지의 베일을 쓴 사람들이 합리적이라면, 아래와 같은 두 가지 원칙을 채택할 것이라고 주장한다.

1 · 각자에게 가능한 최대한으로 자유를 보장한다. 다만 다른 사람도 동일한 자유를 대등하게 누릴 수 있어야 한다.

2 · 사회 경제적 불평등은 다음의 두 가지 조건을 충족하는 경우에만 용인한다. 첫째, 그것이 최소수혜자에게 가장 유리하게 작용할 때. 둘째, 공정하고 평등한 기회가 주어진 상태에서 불가피하게 발생할 때.[25]

흥미로운 것은 두 번째 원칙이다. 롤스는 최소수혜 노동자

계층이 가치 있다고 여기는 재화, 즉 소득 또는 여가의 양을 극대화하는 제도를 선택해야 한다고 생각한다. 그는 이를 "차등의 원칙Difference Principle"이라고 부른다. 앞의 **표1**에 이를 대입하면, 차등의 원칙은 국부 지향 사회가 아니라 공정 가치 사회를 지지한다는 것을 알 수 있다.

롤스가 원초적 상황에서 사람들이 차등의 원칙을 선택할 것이라고 생각한 이유는, 다른 체제보다 이 원칙이 보장하는 최저생활수준이 상대적으로 낫기 때문이다. 이때 낫다는 것은 최소한 인간적인 삶을 살 수 있을 정도는 된다는 것을 의미한다. 그리고 사람들은 원초적 상황에서 얼마나 많은 사람이 얼마나 많은 소득을 올릴지 알 수 없다. 만약 1,000명 중 999명이 년 10만 달러 이상의 소득을 올릴 수 있다면 굳이 최악의 상태를 걱정하지 않아도 될 것이다. 하지만 최악의 생활 수준이 어느 정도인지 전혀 알지 못하는 상황에서, 자신에게 닥칠지도 모르는 위험을 조심하는 것은 당연하다. 롤스는 그에 따라 원초적 상황에서 사람들은 최악의 상황에서도 가능한 인간다운 삶을 살 수 있는 체제를 선택할 것이라고 말한다.

차등의 원칙은 평등주의적이라기보다는 우선주의적prioritarian이다. 이 원칙에 따르면, 우리는 다른 사람보다 사회적 혜택에서 가장 소외된 노동자의 복지를 우선해야 한다. 그리

| 정치란 무엇이어야 하는가 |

고 이러한 최소수혜자의 생활을 개선하기만 한다면 매우 큰 불평등을 감내할 수 있어야 한다.

차등의 원칙은 그저 가장 혜택을 받지 못하는 사람에게 적용되는 것이 아니라 가장 혜택을 받지 못하는 노동자에게 적용된다는 사실에 주목할 필요가 있다. 롤스가 차등의 원칙을 노동자에게 국한한 이유는 그가 정의를 일종의 공정한 상호적 관계^{fair reciprocity}로 이해했기 때문이다. 롤스에 따르면, 우리가 "사회적 생산물"에 대한 권리를 주장하려면 그것의 생산에 일조했어야 한다. 심한 장애를 갖고 있어 전혀 일할 수 없는 사람은 자선이나 동정의 대상이다. 이 사람은 다른 사람에게 자선의 의무를 다하라고 요구할 수 있다. 우리는 이 사람에게 본래적 자비심이나 연민에 기반한 의무를 가질 수 있지만, 마치 노동자가 자신의 몫을 정당하게 요구하는 것처럼 공정에 기반한 의무를 가지고 있지는 않다.[26]

롤스 정의론은 추상적이다. 그것을 이해하고 더 나아가 현실에 적용하기 위해서는 많은 사회과학적 지식이 필요하다. 롤스는 시장경제 체제를 매우 잘 통제하고 관리할 때 자신의 정의론이 제대로 구현될 가능성이 가장 크다고 보았다. 그러나 시장경제 체제는 매우 다양하며 정부가 시장을 관리하는 방식 또한 복잡 미묘하므로 그의 주장이 옳은지 여부는 시장과 정부의 작동방식을 어떻게 보는지에 따라 다를 수 있다.

평등주의자 중에서도 근본주의자들은 롤스가 평등주의를 너무 쉽게 포기했다고 비판한다. 일례로 저명한 마르크스주의자인 코헨은 롤스 정의론은 인간의 본성 중 바람직하지 않은 부분을 마치 불가피한 것처럼 인정한 결과라고 비판한다. 롤스의 말처럼 모두의 평등에 대한 대가가 모두의 가난이라면 그것은 바람직하지 않다. 하지만 코헨은 평등의 대가가 무조건 가난이라고 생각할 이유가 있는지, 모든 사람이 평등하면서도 다 같이 잘사는 것은 불가능하다고 생각할 이유가 있는지 묻는다.[27]

롤스는 자신이 공언했듯 "질서 정연한 사회well-ordered society"가 어떤 사회인지 그려 보이고자 했다. 롤스에 따르면, 질서 정연한 사회는 사람들이 정의를 중요하게 생각하고 정의가 요구하는 것을 준수하는 사회이다.[28] 롤스는 질서 정연한 사회에서는 모든 사람의 처지를 더 낮게 만드는 데 반드시 필요한 경우가 아니면 불평등은 정당하지 않다고 주장한다. 하지만 코헨은 질서 정연한 사회에서도 사람들은 이기적이고 정의에 대해 별다른 관심이 없다는 것을 전제하지 않고서는 롤스가 말하는 정당화 가능한 불평등이 성립하지 않는다고 지적한다. 코헨에 따르면, 정의롭고 질서 정연한 사회의 사람은 정의

| 정치란 무엇이어야 하는가 |

롭게 살기 위해 노력하리라고 보는 것이 자연스럽다. 능력이 뛰어난 사람도 모든 사람의 상황을 더 좋게 만드는 것이 불평등을 정당화할 수 있는 유일한 경우라고 받아들일 것이라는 말이다. 문제는 이들이 자신의 이익을 증진하기 위해 마지못해 정의롭게 행동할 것이라고 보는가 아니면 이들이 기꺼이 다른 사람의 처지를 개선하기 위해 열심히 일할 것이라고 보는가이다. 코헨이 롤스의 정의론은 사실 온전한 의미에서 정의에 대한 이론이라고 보기 어렵다고 비판하는 것도 이 때문이다.[29] 롤스가 이 같은 코헨의 비판을 피할 수 있는지는 의문이다.

사회 정의론의 문제

6

롤스의 차등의 원칙은 분배정의 즉 소위 "사회정의"에 관한 원칙이다.[30] 하지만 고전적 자유주의자나 자유지상주의자는 "분배정의"나 "사회정의"와 같은 용어를 사용하는 것 자체가 잘못되었다고 생각한다. 이들이 그렇게 생각하는 이유를 살펴보자.

20세기 경제학자 프리드리히 하이에크Friedrich A. Hayek에 따르면, 사회정의에 대해 논하는 것은 "어젯밤 초록색 아이디어가 잘 잤을까?"라는 질문에 대해 진지하게 이야기 나누는 것과 다르지 않다. 그러나 아이디어는 초록색일수도, 잠을 잘 수도 없다. 하이에크는 사회정의라는 용어가 범주의 오류를 범하고 있다고 본다. 세상에서 발생하는 부의 "배분"은 그 자체로 정당하거나 부당할 수 없다. 정의를 논하려면 무엇보다 어떤 것이 공정하거나 불공정하다고 말할 수 있어야 하는데 부의 배분은 시장에서 자연적으로 발생한 결과이므로 그 자체로 정당하거나 부당하다고 말할 수 없기 때문이다. 예를 들어보자. 롤스는 유복한 가정에서 태어났지만 노직은 그렇지 않다. 만약 기존의 정의 이론이 옳다면, 이들이 이처럼 서로 다른 환경에서 태어난 것은 시정해야 하는 문제이다. 하지만 하이에크는 그렇게 생각하지 않는다. 하이에크는 이 같은 상황에 "정의"라는 용어를 사용할 수 없다고 본다.[31]

그럼 하이에크는 어떤 경우에 대해서 정당, 부당하다고 말할 수 있다고 생각하는가? 하이에크는 사람들이 특별한 의도를 갖고 하는 행위에 대해서만 정당하다 또는 부당하다는 표현을 사용할 수 있다고 주장한다. 물론 세상에서 일어나는 일은 무수히 많은 사람이 무엇인가를 하려는 의도를 갖고 상호작용한 결과이다. 하지만 이때 말하는 의도적인 행동은 통상적인 의미의 의도적인 행동과는 다르다. 누군가 계획하거나 디자인한 것에 따른 결과가 아니기 때문이다.[32] 우리가 사는 세상은 마치 생태계처럼 자생적 질서Spontaneous order에 의해 돌아간다. 생태계가 바이오메스의 총량을 극대화하는 방식으로

| 정치란 무엇이어야 하는가 |

작동하는 것처럼 세상도 파레토 효율성을 향해 움직이며 "파레토 프론티어"를 점차 확장하는 방식으로 작동한다. 그 누구도 생태계에서 일어나는 일을 마음대로 조작하는 것이 불가능하듯 세상에 의도하지 않은 일이 발생한 것에 대해서 공정, 불공정을 운운하는 것은 마치 자연재해가 일어났다고 대자연을 원망하는 것처럼 부질없다는 주장이다.

하이에크와 달리 노직은 "분배정의"라는 용어의 뉘앙스에 주목한다. 그에 따르면, "분배정의"라는 용어는 부, 소득, 기회와 같은 것이 마치 하늘에서 갑자기 떨어진 것인 양 생각하게 만든다. 그런데 용어를 이런 방식으로 사용하게 되면 사람들이 부, 소득, 기회가 마땅히 주어져야 하는 어떤 것처럼 생각하게 된다. 그리고 그 결과 정부가 항상 부, 소득, 기회를 분배하는 일을 해야 한다고 생각하게 된다. 하지만 부, 소득, 기회와 같은 것은 본래부터 존재하는 어떤 것이 아니다. 누군가 창출한 것이다.

노직은 부의 분배를 배우자나 친구의 분배에 비유한다. 사람들은 누구와 친하게 지낼지, 누구를 사랑할지 각자 선택한다. 그래서 친구가 많은 사람도 있고 아예 없는 사람도 있다. 자신과 잘 맞는 배우자를 만나 오래 사는 사람도, 그렇지 않은 사람도 있다. 시장도 유사한 방식으로 작동한다. 우리는 다른 사람들과 모종의 경제적 관계를 맺고 그 속에서 자유로운 선택을 하는데 그 결과 어떤 사람은 부자가 되고 어떤 사람은 그렇지 못하게 된다. 노직은 우정과 사랑을 재분배해야 한다는 주장에 설득력이 없다면, 같은 논리에서 자유로운 경제활동의 결과인 물질적 재화도 재분배할 수 없다고 말하는 것이 옳다고 주장한다.[33]

롤스를 비롯해서 사회정의를 주창하는 사람들은 5장에 나온 **표1**의 평등주의 사회, 국부 지향 사회, 공정 가치 사회 중 "무엇이 가장 정의로운 사회인가?"라고 묻는다. 그러나 노직은 이것이 잘못된 질문이라고 생각한다. 중요한 것은 나누는 방식이 아니라 "어떻게 벌었는가?"라고 보기 때문이다.

노직이 보기에 평등주의, 공리주의, 차등의 원칙을 비롯해 기존의 수많은 분배정의 이론은, 정의의 문제를 마치 정해진 패턴에 따라 무엇인가를 나누어 갖는 것처럼 여긴다. 하지만 노직은 정의를 논할 때 가장 중요한 것은 누가 무엇을 소유했는가, 다른 사람보다 더 많이 가진 사람이 있는가가 아니라, 정당한 방법으로 그것을 얻었는가라고 말한다.

노직은 분배정의 이론을 크게 두 가지 유형으로 나눈다.*

---

* 노직은 어떤 재분배 원칙에 기초해 정의의 문제를 해결할 수 있다고 보는 이론을 "패턴을 따르는 분배정의 이론(Patterned theories of distributive justice)"이라고 부른다. 반면 부가 어떤 방식으로 창출되었는가에 초점을 맞춘 분배정의 이론,

1. 패턴을 따르는 분배정의 이론들 ————————

이들 이론에 따르면 부, 소득, 기회 등은 어떤 패턴에 따라 분배될 때에만 정의롭다. 대표적으로 다음과 같은 이론이 있다.

ⓐ 평등주의: 부의 분배는 모두가 같은 양을 가질 때 그리고 오직 그때에만 정당하다.

ⓑ 능력주의: 부의 분배는 모두가 능력이나 자격에 상응한 정도로 가질 때 그리고 오직 그때에만 정당하다.

ⓒ 롤스주의: 부의 분배는 가장 혜택받지 못하는 사람들의 처지를 최대한 낫게 만들 때 그리고 오직 그때에만 정당하다.[34]

ⓓ 공리주의: 부의 분배는 그로 인해 영향받는 사람의 행복의 양을 극대화할 때 그리고 오직 그때에만 정당하다.

2. 과정을 고려한 분배정의 이론들 ————————

이들 이론에 따르면 부의 배분은 그것을 가진 사람이 그것을 올바른 방법으로 취득, 이전, 보상했을 때 그리고 오직 그때에만 정당하다.

즉 공정한 부, 소득, 기회 등의 생성과정에 기초해 정의의 문제를 해결하려는 이론을 "과정을 고려한 분배정의 이론(Historical theories of distributive justice)"이라고 부른다.

노직에 따르면, 과정을 고려한 분배정의 이론들은 어떤 결과, 즉 부, 소득, 기회 등에 대해 누가 어떤 자격이 있는지를 가늠할 수 있게 하는 이론, 이른바 "자격에 관한 이론entitlement theory"이다. 어떤 이론이 자격에 관한 이론이 되기 위해서는 다음과 같은 요소를 포함해야 한다. 첫째, 애초에 주인이 없는 자원을 최초로 사유화할 수 있는 조건이 무엇인지 설명할 수 있어야 한다. 이처럼 최초 취득의 조건을 명시한 원칙을 "취득에 관한 원칙principle of justice in acquisition"이라고 말한다. 예를 들어 보자. 로크에 따르면, 다른 사람도 유사하게 행동할 수 있는 토지를 충분히 남겨 놓는다는 조건하에, 주인 없는 토지를 경작해 생산성을 높이면 그 토지를 취득할 수 있다.*

　　둘째, 자격에 관한 이론은 취득한 소유물을 다른 사람에게 정당하게 양도하기 위해서 지켜야 하는 조건도 설명할 수 있어야 한다. 이처럼 취득한 재산의 정당한 양도 조건을 명시한 원칙은 "양도에 관한 원칙principle of justice in transfer"이라고 말한다. 예를 들어, 누군가 자기 소유의 시계를 아무 조건 없이 다른 사람에게 선물했다면 받는 사람의 성품이나 처지 등에 상관

---

*　로크는 이를 일반화해서 "노동을 섞는 것(mixing with one's labor)"을 최초 취득의 조건으로 제시한다.

| 정치란 무엇이어야 하는가 |

없이 이제 시계는 양도받은 사람의 것이라고 정할 수 있다.

셋째, 어떤 이론이 자격에 관한 논의를 제대로 하기 위해서는 사람들이 취득이나 양도와 관련해서 정한 원칙을 위반할 때 그것을 어떤 원칙에 따라 바로잡을 것인지에 대한 조건도 설명할 수 있어야 한다. 이같이 잘못을 바로잡는 기준을 명시한 원칙은 "교정에 관한 원칙principle of justice in rectification"이라고 부른다. 예를 들어, 앞에서 선물 받은 시계가 장물이라고 하자. 이 경우 선물한 사람의 의사와 무관하게 시계를 도둑맞은 본래 주인에게 돌려주어야 한다고 원칙을 정하는 것이다.

노직이 제시하는 원칙은 자격 이론이라면 갖춰야 하는 요건에 대한 것일 뿐, 그 자체가 롤스의 정의론처럼 어떤 완결된 이론 체계를 구성하는 것은 아니다. 다만 노직의 원칙은 어떤 경우든 애초에 정당한 과정을 통해 정당하게 취득한 것은 그 자체로 정당하다고 말한다. 다시 말해, 현재 부의 분배 상태가 균등하든 매우 불균등하든, 현재 상태가 애초에 사람들이 자격 있는 것만을 취득하고 이후 다른 사람의 권리를 침해하지 않는 방식으로 서로 주고받은 결과라면 이 상태는 정의롭다. 노직은 마르크스의 정의관을 "능력에 따라 생산하고, 필요에 따라 분배하라"로 표현할 수 있다면, 자신의 이론은 "각자 자신의 선택에 따라 생산하고, 그 결과만큼 분배하라"로 집약할

수 있다고 말한다.[35]

　원리적으로 노직의 이론은 극단적 불평등을 용인한다. 롤스의 이론도 원리적으로는 그렇다. 그러나 노직의 이론은 우리가 현실 세계에서 접하는 불평등을 정당화하지는 않는다. 자격에 관한 이론에 따르면 정당한 방식으로 부를 취득해야 부에 대한 정당한 자격을 주장할 수 있다. 하지만 인류의 역사는 절도, 정복, 노예제도 등으로 점철되어 있다. 과거보다 사정이 조금 나아졌다 해도 세상에는 정실주의, 조합주의, 지대추구, 특허권 오남용, 토지수용권 남용, 면허제한, 거래제약, 노동제약처럼 일부는 불공정한 혜택을 누리고 일부는 그로 인해 피해를 보는 일이 빈번하게 발생한다.

　따라서 노직의 이론이 부자를 옹호하고 가난한 사람을 적대시한다고 이해해서는 안 된다. 노직은 한편으로는 역사적 과오를 바로잡아야 하고 다른 한편으로는, 현존하는 제도적 결함을 보정하기 위해서라도 일정 정도 부를 재분배하고 사회안전망을 보강해야 한다고 지적한다.[36] 만약 우리 사회가 참으로 정의롭다면 이런 일을 하는 것은 필요하지 않을 것이다. 그러나 그는 이러한 방식으로라도 과거의 과오를 바로 잡는 것이 정당하다고 생각한다. 참으로 정의로운 사회에서는 사법부가 필요하지 않겠지만, 현실 사회에서 사법부를 없애는 것을 바랄 수 없는 것과 마찬가지이다.

패턴을 따르는 정의론에 대한 노직의 비판에서 눈여겨볼 만한 주장 중 하나는 이러한 정의론이 자유와 양립 가능하지 않다는 것이다. 노직은 이를 "자유가 패턴을 허문다^{liberty upsets} ^{patterns}"고 표현한다.

각고의 노력 끝에 당신이 그토록 희망했던 분배정의가 마침내 세상에 구현되었다고 상상해보자. 그리고 논의의 편의를 위해 당신이 원하는 분배정의 패턴은 예외 없이 모든 사람이 동일한 몫을 갖는 평등이라고 하고, 이 상태를 D1이라고 부르자. 그리고 오직 단 한 사람이 다른 사람보다 25만 달러 25센트를 더 갖는 분배 상태를 D2라고 하자. D2는 분명 평등주의의 관점에서 볼 때 부당하다. 모두가 똑같이 갖지 않았기 때문이다.

하지만 D1은 현재 정의로운 상태이다. 그런데 어느 날 농구계의 거장 르브론 제임스^{LeBron James}가 나타나 사람들에게 각자 25센트를 지불하면 자신의 농구를 보여주겠다고 말했고, 많은 사람이 이 제안에 호응했다고 생각해보자. 그는 1년 동안 시간이 있을 때마다 농구 경기를 열었는데 이 경기를 보기 위해 그동안 백만 명이 다녀갔다. 이제 제임스는 다른 사람들보다 25만 달러 이상을 가지고 있다. 엄밀히 말해 다른 사람들은 농구 경기를 보기 위해 각자 25센트의 돈을 잃었다.

평등주의자의 관점에서 이 같은 사태는 부당하다. 이들에 따르면 D2, 즉 오직 한 사람이 다른 사람보다 25만 달러 25센트를 더 갖는 것은 용납할 수 없고 잘못된 것이다. 하지만 D2는 어떤 강제나 부정으로 인해 발생한 상태가 아니라, 오히려 사람들이 자신이 가진 것을 자발적으로 사용한 결과이다. 이 경우에서 볼 수 있듯, 만일 우리가 고대하던 정의로운 상태에 도달하더라도 사람들이 자유롭게 행동한 결과 다시금 사회적으로 금지하는 분배 상태에 이르게 되면 어떻게 해야 하는가? 노직에 따르면 이 같은 사유 실험은 패턴에 따르는 정의론이 참일 수 없음을 보여준다. D2가 부당하다고 할 만한 어떤 이유도 찾을 수 없기 때문이다.

노직은 평등주의적 입장에서만 이러한 문제가 발생하는 것은 아니라고 본다. 분배정의에 대한 어떤 패턴을 선택하든 애초에 그 패턴에 따른 몫을 배분받은 사람들이 자유롭게 행동하기 시작하면 곧바로 그 패턴은 붕괴할 수밖에 없기 때문이다. 한마디로 자유와 패턴은 양립 불가능하다. 따라서 중요한 것은 분배 패턴이 아니라 사람들이 어떻게 재산을 축적했는가의 문제라고 노직은 강변한다.

여기서 중요한 사실은 패턴이 붕괴하는 데 대단하고 특별한 어떤 것이 필요하지 않다는 점이다. 자유방임적 사회에서만 분배 패턴 붕괴가 발생하는 것은 아니다. 사람들이 경제적 자유를 아주 조금이라도 누릴 수 있다면, 예를 들어 단돈 25센트라도 마음대로 사용할 수 있다면, 그것은 시간이 지남에 따라 그 어떤 분배정의 패턴도 붕괴시킬 수 있다. 이를 막을 수 있는 유일한 방법은 "지속적으로 사람들의 행동과 선택을 통제하는 것"이다. 이는 패턴을 따르는 정의론이 결국은 "사람들의 자발적인 상거래"를 금지하는 것으로 귀결될 수밖에 없음을 의미한다.[38]

하이에크와 노직의 지적처럼 부의 분배 문제를 마치 파티에서 케이크를 나눠 먹는 것과 같이 생각하는 것은 잘못이다. 또한 누가 어떻게 벌었는지를 묻지 않고서 누가 무엇을 가질 것인가를 따지는 것도 잘못이다. 그러나 사회정의가 필요하다고 강조하는 입장이 터무니없는 것은 아니다.*

다시 문제의 근본으로 돌아가자. 사유재산 제도가 정당한 이유는 무엇인가? 로크와 같은 철학자에 따르면, 사유재산 제

---

* 사회와 경제가 복잡해짐에 따라 몇 가지 원칙으로 정의에 대한 우리의 생각을 담아내는 것이 매우 어렵게 되었다. 현실적으로 매 순간 취득의 절차적 정당성을 확보하는 것이 거의 불가능에 가깝다는 사실을 감안하면, 노직의 주장의 타당성에도 불구하고 여전히 어떤 패턴을 정의의 척도로 삼아야 한다는 주장에 설득력이 있다고 할 수도 있다.

도는 궁극적으로 우리의 적극적 자유를 체계적으로 증진하기 때문에 정당하다. 즉 결과가 좋기 때문이다. 하지만 결과가 좋다는 것이 무엇이든 정당화하는 것은 아니다. 롤스, 로크, 노직 모두 모종의 사유재산 제도를 정당화할 수 있다고 보고 각자 다양한 방식으로 이 제도를 옹호한다. 사유재산 제도가 어떤 좋은 결과를 낳는다는 경향이 있다는 것이 이를 정당화하는 중요한 이유 중 하나라고 본다는 점에서도 이들의 입장은 비슷하다. 그러나 노직과 로크의 사유재산 제도를 정당화할 수 있는 기준은 롤스의 기준에 비해 덜 까다롭다. 롤스는 두 사람과 달리 혜택에서 가장 소외된 노동자의 삶의 개선을 보장하지 못하면, 결과가 무엇이든 사유재산 제도를 정당화할 수 없다고 본다.

만약 노직과 롤스가 축구 경기 규칙에 대해 논쟁한다면 그들은 안전과 속도 중 무엇에 더 무게를 두어야 할지 다툴 것이다. 이때 두 사람은 축구의 필요성에 대해 이견을 보이는 것이 아니라, 가장 좋은 축구 규칙이 무엇인지 논의하는 것이다. 이 과정에서 두 사람은 몇 가지 중요한 경험적 사실에 대해 다른 판단을 내릴 수 있고, 그 결과 이상적인 축구 경기 규칙에 대해 다른 의견을 제시할 수 있다.

하이에크와 노직은 시장경제 체제가 "다양한 사람들이 저

| 정치란 무엇이어야 하는가 |

마다 추구하는 삶의 목적을 이루는 데 필요한 수단을 획득할 가능성을 상당한 정도로 제고한다"는 점이 이 체제를 정당화하는 주요 이유 중 하나라는 사실에 동의한다.[39] 그 결과 롤스가 그랬던 것처럼, 하이에크도 우리가 여러 가능한 체제 중에서 하나를 선택해야 할 때 "초기 상황에서 우리가 처하는 상황이 전적으로 우연적인 방식으로 결정된다는 것을 안다면"[40], 우리는 여러 가능한 체제 중에서 기꺼이 시장경제 체제를 선택할 것이라고 주장한다.

노직의 입장도 롤스와 완전히 다르지는 않다. 그는 "로크의 단서"가 사유재산 제도의 근간을 이룬다고 본다. 이 단서가 있어서 사람들은 안심할 수 있다. 노직의 우물 사례를 생각해보자. 갑자기 재난이 발생해 우리 집 우물을 제외하고 마을의 모든 우물이 말라버렸다고 상상해보자. 그리고 우리 집 우물은 마을 사람 전부가 충분히 먹고 마실 수 있을 정도로 풍부하다고 하자. 노직은 이런 상황에서 나는 예전처럼 우리 집 우물물에 대한 전유권을 주장할 수 없다고 말한다. 그에 따르면 나는 물값을 터무니없이 높게 책정할 수 없고, 우리 집 우물은 모든 사람의 공동소유로 전환될 수도 있다.[41]*

하지만 일부 자유지상주의자는 세금이 도둑질이라고 생각한다. 그들의 관점에서 보면 정부가 부를 재분배할 수 있다는 생각은, 가난한 사람을 돕는다는 명분을 내세워 시민의 돈을 마음대로 갈취해도 괜찮다고 생각하는 것과 같다. 어쩌면 이들의 생각이 옳을 수도 있다. 반면 롤스와 같은 분배론자는 사회안전망 구축을 위해 정부가 재분배 정책을 추진하는 것을 갈취라고 생각할 리 없다. 무엇이 사유재산 제도를 합법화하는 적절한 기준인지에 대해 롤스와 자유지상주의자의 생각은 다르다. 만약 노직이 옳다면, 그의 자격 이론이 맞을 것이다. 그러면 적어도 모두가 자격 이론에 부합하는 방식으로 재산을 취득, 교환, 보정하는 정의로운 사회에서 정부가 누군가를 돕기 위해 강제로 재산 일부를 빼앗아가는 것은 절도와 다를 바 없다고 생각할 수 있다. 그러나 롤스가 옳다면, 사유재산 제도는 그가 주장하는 차등의 원칙이 요구하는 조건을 충족하는 경우에만 정당하다. 일례로, 차등의 원칙에 비추어 볼 때 공교육이 필요하다면, 정부가 징세를 통해 이를 실현하는 데 필요한 비용을 마련하는 것은 사유재산 갈취라고 할 수 없다.

* 그렇지 않으면 로크의 단서를 위반하는 것이기 때문이다. Robert Nozick, *Anarchy, State, and Utopia* (New York: Basic Books, 1974), p. 180.

| 정치란 무엇이어야 하는가 |

시민권: 표현과 라이프스타일의 자유

7

이제 관심을 경제와 분배 문제에서 원하는 라이프스타일대로 살 자유, 성애의 자유, 회합이나 모임의 자유, 종교의 자유 그리고 표현의 자유 등과 같은 시민적 자유로 화제를 옮겨보자. 사람들은 이에 대해 어느 정도 자유를 누려야 할까?

존 스튜어트 밀이 시민적 자유에 대한 고전적 옹호론인『자유론On Liberty』을 저술한 시기는, 유럽의 몇몇 국가가 민주주의에 대한 실험을 하기 시작했을 때이다. 당시 민주주의를 채택한 나라가 드물었음에도, 밀은 아버지인 제임스 밀James Mill과 달리 민주주의가 다수에 의한 폭압을 용인하는 문제를 안고 있다는 사실을 직시했다. 특히 밀은 사회적 압력이 정도를 넘게 되면 어떤 것을 법적으로 규제하는 것 못지않게 포악하고 압제적일 수 있다고 보았다. 포용력이 현저하게 떨어지는 사회는 사회적 통념이나 종교적 규준에 부합하지 않는 사람을 배척하는 경향이 농후하다. 그러한 사회는 정부 주도로 모든 것을 일일이 규제하는 사회에 못지않게 사회 발전에 지장을 초래하기 마련이다.

밀은 말하자면 세련된 공리주의자이다. 그는 앞에서 소개한 조야한 공리주의와 거리를 둔다. 그는 궁극적인 의미에서 도덕 규범의 적합성은 그것이 인간의 행복 증진에 얼마나 기여하는가에 따라 결정된다고 생각한다. 즉 원론적인 차원에서 밀은 공리주의자이다. 그러나 그는 개별적인 행위 하나하나가 행복을 극대화해야 한다고 보지 않는다. 도덕은 어떤 개별적인 명령의 집합이기보다는 일종의 시스템에 가깝다고 보았기 때문이다. 밀은 어떤 도덕 체계가 다른 도덕 체계보다 포괄적인 의미에서 사람들의 복리에 유용한지에 대해 관심을 둔다.

더구나 밀은 "행복"이라는 개념을 상당히 넓게 해석한다. 그는 대다수 공리주의자와 달리 행복과 쾌락이 같다고 생각하지 않는다. 오히려 그는 사람들이 직간접적 경험을 통해 자신에게 행복한 삶의 형태를 발견할 수 있다고 본다. 밀은 당대

| 정치란 무엇이어야 하는가 |

크게 유행한 독일 낭만주의에 많은 영향을 받아 자율적인 자기 계발을 의미하는 "도야^{Bildung}"가 우리의 삶을 가치 있고 행복하게 만드는 주요 요건 중 하나라고 주장한다.[42] 밀은 각자가 행동의 주체가 되어 무엇이 도덕적으로 좋고 무엇이 가치 있는지 스스로 판단하고 이에 따라 행동하는 것, 즉 자율적인 방식으로 자신의 삶을 주도하는 것이 행복한 삶이라고 말한다. 따라서 밀은 "만족한 돼지보다 만족하지 못한 사람이 더 낫고, 쉽게 만족하는 어리석은 사람보다 그렇지 못한 소크라테스가 더 낫다."[43]고 말하며 조야한 쾌락주의를 비판한다.

『자유론』에서 밀은 개인의 자유가 허용되는 한계, 사회와 정부가 개인의 자유를 제한할 수 있는 경계와 근거가 무엇인지 검토한다. 우리는 자유를 얼마만큼 누릴 수 있는가? 법적 제재나 사회적 비난을 통해 규제할 수 있는 것은 무엇이고, 처벌하거나 견책하지 않고 각자에게 맡길 부분은 무엇인가? 공리주의자인 밀의 입장에서 가장 원칙적인 대답은 다음과 같다. 개인의 자유를 제한하는 것이 자유를 제한하지 않는 다른 여러 방식에 비해 전반적으로 더 좋은 결과를 가져온다고 판단될 때, 즉 행복을 전반적으로 증진한다고 판단될 때 개인의 자유를 제한할 수 있으며 그렇지 않다면 제한해서는 안 된다. 나아가 밀은 경험적 근거에 기초해 실제로는 매우 광범위한 영역에서 개인의 자유를 허용해야 한다는 결론에 이른다.

새로운 물리학적 지식을 추구할 자유와 같은 학문적 자유의 사례를 생각해보자. 사실 학자가 아닌 일반인은 이 같은 학문의 자유에 별다른 관심이 없다. 물리학에 대한 학문적 자유가 있어도 일반인은 그것을 누릴 지식이나 기술이 없기 때문이다. 그러면 일반인이 물리학적으로 아무런 근거 없는 거짓된 주장을 하는 경우 정부는 표현의 자유를 제한해도 되는가? 밀은 그래서는 안 된다고 생각한다. 설령 어떤 아이디어가 거짓이거나 잘못된 것이어도 이것을 극복하려고 애쓰는 것 자체가 큰 가치를 창출한다고 보기 때문이다. 예를 들어, 오늘날 대부분 마르크스 경제학 이론을 있는 그대로 받아들이지는 않지만, 학교는 물론 사회과학 제 분야에서는 여전히 이를 다룬다. 마르크스 경제학의 어떤 점이 문제인지, 그것이 문제인 이유가 무엇인지를 따져보고 사고하는 과정을 거치면서 사람들이 학문적으로 성장할 수 있기 때문이다. 더구나 오랜 검증과정을 거쳐 틀렸다고 판명된 이론도 부분적으로는 진리를 담고 있을 수 있으며, 이는 보석 같은 통찰을 제공하기 때문이다.

밀이 제시하는 두 번째 이유는 정부에 대한 불신이다. 어떤 것이 학술적이고 어떤 것이 그렇지 않은지를 판단할 수 있는 권한을 정부에게 주려면, 정부가 그 권한을 현명하게 잘 사용할 것이라 확신할 수 있어야 한다. 하지만 이를 확신하기 어렵다. 내가 대학원생일 때 우리 대학 법학전문대학원 학생 중 하나가 "환경정의 구현은 어떤 것보다도 중요하다. 환경정의를 구현하는 데 KGB가 필요하다면 KGB를 데려와서라도 이를 실현해야 한다. 그러면 우리는 현명한 사람이 KGB가 되는 것만 신경 쓰면 된다."라는 문구를 쓴 피켓을 들고 시위하는 것을 보았다. 이 말이 그럴듯해 보일 수 있을지 몰라도 현실은 그렇지 않다. 올바르고 현명한 사람이 KGB나 검열위원회, 종교재판소를 운영하게 한다는 것은 말이 되지 않는다. 이러한 직업 또는 그에 상응하는 권력을 가지려 하는 사람은 윤리학적으로 요구되는 목적과는 별개로 그것에 대한 자신만의 어떤 목적이 있을 수밖에 없다. 그 목적이 대부분의 평범한 사람들이 바라는 것과 일치하라는 법은 어디에도 없다.

세 번째로 밀은 정보 혹은 지식의 문제를 지적한다. 정부의 의도가 아무리 좋아도 누구를 규제하고 누구를 내버려두어야 하는지 알기 어렵다.* 오늘날에는 과학적 진리나 혁신이라고

---

* 정부가 대체로 선의를 갖고 합리적인 정책을 만들려고 노력한다고 가정해도 정부가 전지전능한 신처럼 개개인의 선호나 필요가 무엇인지 일일이 다 알 수는 없다. 정부가 무엇을 규제하고 무엇을 규제하지 않는 것이 사람들에게 유익한지 판단할 능력을 갖고 있다고 예단하기 어렵기 때문이다. 무엇이 특정인에게 얼마나 유익한지 판단하기 어려운 것은 물론이고, 어떤 정책을 수립하는 것이 집단 전체에 중장

여겨지는 것이 처음에는 터무니없다고 홀대받은 일이 비일비재하다. 우리는 일반적으로 학교에서 가장 성적이 좋고 똑똑한 학생이 대단히 천재적인 일을 할 것이라고 기대한다. 하지만 가끔은 우체국 직원이 과학 혁명을 일으키는 경우도 있다.

밀은 표현의 자유, 종교의 자유 그리고 자유로운 라이프스타일의 문제 등도 이와 유사한 방식으로 논증할 수 있다고 생각한다. 밀은 자유로운 사회에서 과학이 발전하고 융성하는 것이 놀라운 일이 아니라고 본다. 문화와 예술도 마찬가지다. 관용적인 상업 도시가 문화와 예술의 중심지가 되는 것도 자연스럽다. 그는 우리가 과학적 진보, 예술의 발전, 문화적 고양, 평화 그리고 상호 존중의 사회 분위기를 원한다면, 표현의 자유를 허용할 때 발생하는 즉각적인 결과를 따지기보다 조건 없이 표현의 자유를 허용해야 한다고 주장한다. 이상하게 들릴 수도 있겠지만, 밀은 역사적으로 보면 사람들에게 도움이 되는 것만 허용하는 정책은 도움은커녕 재앙이 되었다고 말한다. 흔히 사회와 국가를 위해 표현의 자유를 제한해야 한다고 주장하지만, 역사적으로 그러한 정책이 도움은커녕 오

기적으로 얼마나 유익한지도 가늠하기 어렵다는 점을 고려하면, 특정 인물이나 집단의 능력과 의도를 과신하는 것은 위험하다.

히려 재앙이 된 경우를 어렵지 않게 찾을 수 있다.

밀의 논증은 흔히 "정부의 실패"라고 부르는 아이디어에 부분적으로 기초해 있다. 이 개념에 대해서는 향후 자세히 살펴볼 것이다. 하지만 큰 틀을 이해하는 것은 어렵지 않다. 정부에 얼마나 많은 권한을 부여할 것인가에 대한 논의는 위정자가 어떤 사람인지, 즉 유능하고 선한 성인군자와 같은 사람인지, 아니면 우리가 현실에서 접하는 정치인과 같은 사람인지에 따라 완전히 다른 차원의 논의가 된다. 사람들이 자신의 실수나 무지 때문에 손해가 발생하는 것을 미연에 방지하기 위해 정부에게 권력을 주고 보호를 요청한다고 해보자. 이때 정부가 오히려 우리보다 더 우매하고, 과도하고, 악의적인 방식으로 권력을 사용하지 않을 것이라고 보장할 수 있는가? 밀은 정부에게 그러한 권한을 부여하지 않는 것이 더 낫다고 주장한다. 예컨대 정부가 음주를 규제하지 않으면 알코올중독자가 되는 사람이 생길 수도 있지만, 정부가 음주를 규제할 때 발생하는 해악이 더 크다는 지적이다.

밀의 주장은 서구사회에 상당한 영향을 미쳤으나 모두가 그의 주장에 동의하는 것은 아니다. 대학 캠퍼스 문화는 이를 잘 보여준다. 요즘 학생들은 자신을 불편하게 하는 발언이나 자신의 소신에 반하는 주장을 용인하지 않는다. 그들은 자신의 감정을 해치거나 불안하게 만드는 거침없는 발언을 억누르는 것이 정당하다고 주장한다.

같은 맥락에서 현대 법 이론가 제레미 월드론$^{Jeremy Waldron}$은 더욱 정교한 논의를 제시한다. 월드론은 "증오 발언$^{Hate speech}$"을 억제하고 규제해야 한다고 주장한다. 증오 발언은 사람들이 자신의 안위를 걱정하게 만들고, 마치 스스로가 저열한 것처럼 느끼게 하며, 자긍심의 기반을 흔들기 때문이다.[44]

최근 밀의 입장에 대한 주목할 만한 반론 중 하나는 온정적 간섭주의에 입각해 있다. 온정적 간섭주의를 반대하는 밀의 논거는 경험에 기반하고 있다. 정부의 실패를 고려하면, 정부의 검열이나 통제를 정당화할 수 있는 영역은 매우 작을 수밖에 없다는 것이다. 하지만 반드시 그렇게 생각해야만 하는 것은 아니다. 『넛지^{Nudge}』에서 캐스 선스타인$^{Cass Susnstein}$과 리처드 탈러$^{Richard Thaler}$는 자신들이 "자유지상주의적 온정적 간섭주의$^{libertarian paternalism}$"라고 부른 입장을 대안으로 제시한다. 두 사람 모두 자유지상주의자가 아님에도 자신들의 입장이 자유지상주의적이라고 주장한 이유는, 이들이 옹호하는 정부 규제는 사람들이 구체적으로 무엇을 선택하는가가 아니라 "선택의 틀$^{choice architecture}$"에 관여하기 때문이다. 선스타인과 탈러에 따르면, 정부가 사람들의 선택이나 행동을 일일이 규제하려

92

고 하는 것은 유효하지도 정당하지도 않다. 이들은 원칙적으로 사람들은 자신들이 원하는 것을 할 수 있어야 한다고 주장하는데, 이런 의미에서 두 사람의 입장은 자유지상주의적이다. 하지만 이들은 정부가 온정적 차원에서 개입할 여지를 남겨두는데, 사람들이 장기적인 관점에서 자신의 이익을 합리적으로 잘 판단했을 때 할법한 행동을 정부가 간접적인 방식으로 유도할 수 있다고 생각한다. 이런 측면에서 두 사람의 입장은 간섭주의적이기도 하다.

예를 들어, 케이크가 과일보다 건강에 좋지 않아도 사람들이 원한다면 마음대로 먹을 수 있게 해야 한다. 하지만 뷔페식당에서 케이크보다 과일을 눈에 잘 띄고 접근이 쉬운 곳에 배치하면, 사람들이 과일을 선택할 가능성이 올라가는 것은 사실이다. 선스타인과 탈러는 뷔페식당에서 사람들이 과일을 선택하기 쉽게 음식을 배치하도록 정부가 요구할 수 있다고 주장한다. 물론 이 제안은 엄밀한 의미에서 자유지상주의적이라고 할 수 없다. 소비자를 강제하지는 않지만, 식당 주인을 강제하기 때문이다. 다른 예를 들어 보자. 실제로 많은 사람이 노후 준비를 제대로 하지 못하는 것도 사실이다. 그러면 사람들이 원만하게 노후를 준비하도록, 입사할 때 처음에 본인이 분명하게 반대 의사를 표시하지 않는 한, 은퇴하기 전까지 소득의 15%를 연금으로 저축하게 유도하는 것은 어떤가? 이 경우에도 사람들은 특정한 선택을 하도록 강요받지 않는다. 본인이 원한다면 얼마든지 개미가 아니라 베짱이처럼 살 수 있다. 하지만 인간의 행태와 심리에 대한 연구 결과에 따르면, 대부분은 별다른 생각 없이 디폴트 값을 따른다. 그렇다면, 사람들이 정말로 원하는 경우 어리석은 선택을 할 수 있게 하면서도 디폴트 값을 현명하게 설계해야 한다고 이들은 주장한다.

현대 정치철학자 사라 콘리$^{Sarah\ Conly}$는 선스타인과 탈러보다 한층 더 강하게 주장한다. 콘리에 따르면, 사람들은 어떤 문제에 있어서는 예측 가능한 정도로 비합리적인 선택을 반복적으로 한다.[*] 인간은 어떤 것은 자율적으로 선택하지만 어떤 것은 미리 프로그램된 방식에 따라 선택하는 불완전한 행위자이다. 문제는 프로그램된 방식에 따라 행동하는 것이 종

---

[*] 물론 사람들이 항상 비합리적인 선택을 한다는 것은 아니다. 그러나 아무리 시행착오를 겪고 의식적으로 노력해도 우리가 하는 선택과 판단 중에는 개선하기 어려운 것들이 있다. 콘리는 사람들은 건강하게 오래 살고 싶어 하면서도 비만과 당뇨병을 유발하고 심각한 심혈관계 질병을 발생시키는 음식을 자주 먹는 한편, 노후생활을 안정적으로 하고 싶어 하면서도 저축하지 않거나 미래에 대한 불안 때문에 지금의 재산을 복권을 사는 데 다 써버리기도 한다고 말한다. 콘리는 이를 단순히 사람들의 의지박약의 문제로 보아서는 안 된다고 말한다. 나아가 이 같은 문제를 자율성에 맡겨 놓고 사람들이 계속해서 비합리적 선택을 하게 내버려두어서도 안 된다고 주장한다. Sarah Conly, *Against Autonomy Justifying Coercive Paternalism* (Cambridge: Cambridge University Press, 2013). 참고.

| 정치란 무엇이어야 하는가 |

종 나쁜 결과를 초래하거나 잘못된 방향으로 인도한다는 데 있다. 더구나 사람들이 더 합리적으로 행동하게 만들 방법은 거의 없어 보인다. 밀은 개인의 자유를 제한하지 않음으로써 관용적인 사회가 되면 사람들이 차츰 합리적이고 현명하게 판단하고 행동할 것이라고 가정한다. 콘리에 따르면 이러한 주장은 검증을 통해 확인 가능한 경험적 가설이고, 검증의 결과 그것은 부분적으로만 참이다. 콘리는 사람들이 어떤 중요한 문제에 대해 반복해서 무분별하고 근시안적으로 행동하는 것을 예측할 수 있는 경우에는, 적어도 그러한 문제에 한하여 사람들이 현명한 선택을 하도록 정부가 강제하는 것이 정당하다고 주장한다. 콘리 역시 권력은 항상 오남용될 위험이 있다는 것을 잘 인식하고 있다. 하지만 이러한 우려만으로 정부의 온정적 간섭을 반대하는 것에는 무리가 있다고 생각한다.

경제적 자유의 범위

8

롤스 정의론은 크게 자유에 관한 원칙과 불평등에 관한 원칙으로 구성되어 있다. 그럼에도 그는 자유주의자라고 불리는데, 그가 자유를 분배정의보다 더 중요하게 여겼기 때문이다. 예를 들어, 제우스를 숭배하지 않아야지만 가장 혜택받지 못하는 사람들의 복리가 크게 증진한다고 할지라도 국가가 제우스 숭배를 금지하는 것은 부당하다는 것이 그의 생각이다.

롤스는 첫 번째 정의의 원칙인 자유에 관한 원칙을 통해 모든 시민에게 "충분히 적절한" 기본적인 자유권basic liberties을 제공해야 한다고 요구한다.[45] 이때 "충분히 적절한"이라는 말은 다른 모든 사람에게 동일한 기본권을 제공할 수 있는 한 최대한 폭넓게 자유를 제공한다는 것을 의미한다.

그러면 기본적인 자유권에는 무엇이 있는가? 롤스의 첫 번째 정의 원칙에 포함되는 권리는 무엇인가? 롤스는 대표적으로 양심의 자유, 종교의 자유, 표현의 자유, 집회의 자유 그리고 라이프스타일과 성애에 관한 자유처럼 시민적 자유를 거론한다. 여기에는 또한 선거권과 피선거권 등과 같은 정치적 자유도 포함된다. 그리고 이에 더해 공정한 재판을 받을 권리, 인신보호영장, 행정권에 대한 제한 및 임의수색과 체포를 당하지 않을 자유 등과 같은 법적, 절차적 자유도 포함된다. 끝으로 사유재산을 가질 권리와 직업을 선택할 권리 등의 경제적 자유 또한 기본적인 자유권의 일부로 여겨진다.

한 가지 흥미로운 사실은 롤스는 우리가 통상적으로 경제적 자유의 일종으로 생각하는 계약의 자유, 면허 없이 일할 수 있는 자유, 생산재를 소유할 수 있는 자유 등을 기본적인 자유권에 포함시키지 않는다는 것이다. 자유의 원칙은 계약을 맺거나 그것의 이행을 요구할 권리를 포함하지 않는다. 구체적으로 말하면, 그의 자유의 원칙은 모든 당사자가 동의한다 해도 재화나 서비스를 마음대로 사고팔 수 있는 자유를 보호하지 않는다. 노동조건을 협상할 자유, 자기가 선호하는 방식으로 가정을 운영할 자유, 판매를 위해 새로운 것을 생산할 자유

| 정치란 무엇이어야 하는가 |

도 포함하지 않는다. 마음대로 비즈니스를 시작하고 운영하고 종료할 자유, 공장과 가게를 소유할 자유, 생산을 목적으로 토지를 개발할 자유, 자신의 돈으로 손해 발생 위험도가 높은 일을 할 자유, 선물시장에서 투자할 자유도 포함하지 않는다.

롤스가 시장경제 체제 자체를 부정하는 것은 아니다. 그러나 그가 자본주의 경제체제에 부합하는 자유를 허용하는 이유는 단지 그것이 차등의 원칙을 구현하는 데 유용하기 때문이다. 롤스가 보기에 자본주의 경제적 자유는 자율적인 삶을 존중받는 사회, 사람들이 인격체로서의 지위를 누릴 수 있는 사회를 만들고 유지하는 데 필수적이지 않다. 자유에도 질적 차이가 있다. 말하자면 종교의 자유는 최소수혜자 계층의 평균 소득이 감소하더라도 제한해서는 안 될 정도로 중요한 자유이다. 반면 공장이나 가게를 마음대로 처분할 수 있는 자유는 그것이 우리 사회에서 가장 혜택받지 못하는 사람들의 생활 수준 향상에 도움이 되지 않는 경우 상당 부분 제한할 수 있다.

자유지상주의자와 고전적 자유주의자는 롤스와 달리 자본주의 경제적 자유가 시민적 자유와 대등한 가치를 지닌다고 본다. 자본주의 경제적 자유가 최소수혜자의 생활 수준을 향상할 수 있다고 본다는 점에서 이들과 롤스의 입장은 다르지 않다. 그러나 이들은 롤스와 달리 우리가 마음대로 종교를 선택할 권리가 있는 것처럼 자본주의 경제적 자유를 누릴 권리도 있다고 생각한다. 인생의 주체는 우리 자신이다. 따라서 타인의 권리를 침해하지 않는 한, 자신이 믿는 신을 경배할 자유가 있어야 하며 자신이 원하는 방식으로 자신의 돈을 사용할 수 있어야 한다는 것이 이들의 생각이다.

그러면 롤스는 왜 이런 생각에 반대하는가? 롤스는 어떤 자유를 기본적인 자유권으로 간주하기 위해서는 그것이 롤스 자신이 "두 가지 도덕적 능력two moral powers"이라고 부른 것과 적절한 연관성을 가지고 있어야 한다고 말한다. 두 가지 도덕적 능력은 (1) 좋은 삶에 대한 생각을 발전시킬 수 있는 능력과 (2) 공정함(정의)에 대한 생각을 할 수 있는 능력을 말한다. 흔히 "합리성rationality"이라고 불리는 첫 번째 능력은, "가치에 관해 합리적으로 생각할 수 있는 능력"을 말한다. 즉 가치에 대해 나름대로 정합적인 방식으로 생각을 형성하고, 보정하고, 추구할 수 있는 능력을 말한다. 이를 통해 사람들은 자신의 삶과 자신이 추구하는 인생에 의미를 부여할 수 있게 된다.[46] 두 번째 능력은 흔히 "합당함reasonableness"이라고 불리는데 이는 공정한 협력 관계를 이해하고, 적용하고, 실행할 수 있는 능력을 말한다.[47] 롤스는 사람을 사람답게, 즉 존중받아 마땅한 도덕적인 존재로 만드는 것은 이러한 두 가지 능력이라고 말한다.

권위 있는 롤스 연구가인 사무엘 프리먼^{Samuel Freeman}은 기본적인 자유권과 도덕적 능력의 관계에 대해 다음과 같이 말한다. "롤스에게 어떤 것이 기본적인 자유권에 속하는지 그렇지 않은지를 판명하는 기준은, 그것이 충만한 삶을 가능하게 하는 도덕적 품성의 두 능력을 적절히 계발하고 온전하게 발휘할 수 있는 사회적 조건을 형성하는 데 핵심적인가 아닌가이다."[48] 다시 말해, 두 가지 도덕적 능력을 계발하는 데 누구에게나 필요한 것만이 기본적인 자유권이 될 수 있다.[49] 이러한 프리먼의 롤스 해석을 기본적인 자유권에 대한 롤스–프리먼 테스트^{the Rawls-Freeman test}라고 부르자.

존 토마시^{John Tomasi}는 최근 『자유시장의 공정성^{Free Market Fairness}』에서 롤스가 자본주의 경제적 자유의 영역을 제한한 것을 비판한다. 토마시는 롤스가 시민적 자유를 옹호하는 것과 같은 방식으로 자본주의 경제적 자유를 옹호할 수 있다고 본다. 일례로 롤스는 종교의 자유가 사람들이 가치 있는 삶에 대해 생각하는 능력을 계발하고, 자기 자신에게 진실된 삶을 살고, 자신이 어떤 사람인지 진정으로 깨닫게 하는 데 필요하다고 주장한다. 이는 경제적 자유에서도 마찬가지라고 토마시는 말한다. 토마시에 따르면, 우선 어떤 종교를 가질지 선택할 수 있다는 것만으로 우리가 우리 삶의 주인이 된다고 말할 수 없다. 그와 동시에 경제적인 문제에 대해서도 선택할 수 있어야 한다. 우리 대부분은 상당한 경제적 자유 없이 자신이 생각하는 좋은 삶을 살 수 없기 때문이다.

프리먼은 토마시가 롤스-프리먼 테스트를 곡해하고 있다고 응수한다. 자신이 원하는 삶을 사는 데 자본주의 경제적 자유가 절실하게 필요한 사람도 있을 테지만, 누구나 자본주의 경제적 자유가 있어야만 자신이 생각하는 좋은 삶을 살 수 있는 것은 아니기 때문이다.[50] 어떤 자유가 기본적인 자유권이 되기 위해서는, 그것이 합리적인 사람이라면 누구든지 좋은 삶에 대한 생각이나 공정함에 대한 판단을 계발하는 데 필수적이어야 한다고 프리먼은 재차 강조한다. 프리먼은 토마시가 말하는 자본주의 경제적 자유가 일부에게는 필수 불가결할지 몰라도 모든 사람에게 그러한 것은 아니기 때문에 롤스-프리먼 테스트를 통과할 수 없다고 비판한다.

덴마크나 스위스 사람들이 러시아 사람들보다 더 많은 자본주의 경제적 자유를 누리고 있다는 사실이 자본주의 경제적 자유를 기본적인 자유권으로 인정하는 것을 정당화하지는 않는다고 프리먼은 지적한다. 러시아 사람들이 누리는 자본주의 경제적 자유가 덴마크나 스위스 사람들보다 상대적으

| 정치란 무엇이어야 하는가 |

로 적을 수 있어도 그들 역시 공정함에 대한 판단이나 좋은 삶에 대한 생각을 덴마크 사람들 못지않게 계발할 수 있다는 것이다. 사실 토마시가 강조하는 정도로 자본주의 경제적 자유를 광범위하게 허용하는 나라는 많지 않다. 그럼에도 불구하고 대다수 나라의 대다수 국민은 도덕의 두 능력을 계발할 수 있고 실제로 그렇게 하고 있다. 이것은 롤스-프리먼 테스트의 관점에서 보면, 기본적 자유의 영역을 자본주의 경제적 자유의 영역까지 확장하려는 토마시의 논증이 만족스럽지 못하다는 것을 의미한다.

하지만 프리먼의 토마시 비판은 얻는 것보다 잃는 것이 많은 승리처럼 보인다. 왜냐하면 자본주의 경제적 자유를 기본적인 자유에 편입하지 않는 대신 진보적 자유주의자가 주장하는 기본권이 그 정당성을 잃을 수도 있기 때문이다. 롤스와 프리먼 모두 상당한 정도의 표현의 자유, 참여의 자유, 그리고 선거권과 피선거권 등이 필요하다고 생각한다. 그러나 잘 생각해보면 이 같은 기본적인 자유권이 실제로 좋은 삶에 대한 생각과 공정함에 대한 판단을 계발하는 데 필수 불가결한지 의문이 든다. 덴마크나 스위스에 사는 사람이 러시아에 사는 사람보다 대체로 광범위한 시민적 자유를 누린다고 말할 수 있을 것이다. 하지만 그렇다고 러시아 사람들이 공정함에 대한 판단이나 좋은 삶에 대한 생각을 계발할 수 없다거나 그런 생각을 하지 않는다고 보기는 어렵기 때문이다. 사실 따지고 보면, 현존하는 수많은 국가에서 롤스가 말하는 기본적인 자유권을 누리며 사는 사람은 극히 소수에 불과하다. 그러나 정의롭지 않은 나라에 사는 압도적으로 많은 수의 사람들은 기본적인 자유권이 없거나 설령 있다 하더라도 그들이 가진 자유권은 프리먼과 롤스가 제시하는 기본적인 자유권의 자격 요건을 충족하지 못함에도 불구하고, 공정함에 대한 판단력을 갖고 있으며 좋은 삶에 대한 나름의 생각을 하고 살고 있다.

어쩌면 평범한 사람이 롤스가 말한 두 가지 도덕적 능력을 계발하는데 자유는 그다지 필요하지 않을 수 있다. 그렇다면 롤스-프리먼 테스트는 별다른 의미가 없을 수 있다.

여기에서 한 걸음 물러나 이 모든 논란이 시사하는 바가 무엇인지 잠시 생각해보자. 고전적 자유주의자와 자유지상주의자 대부분은 자본주의 경제적 권리가 좋은 결과를 낳을 뿐만 아니라 이것을 기본적인 자유권으로 인정하는 것이 사람들을 인격체로 대우하는 것에 다름 아니라고 생각한다.

나는 이들의 생각에 동의한다. 그렇다고 결과가 중요하지 않다는 것은 아니다. 경제적 자유를 둘러싼 논란은 주로 경제적 자유의 허용 범위와 그것이 미치는 영향에 대한 것이다. 마르크스주의자는 광범위한 자본주의적 자유가 결국 가난한 사람은 더욱 가난하게, 부자는 더욱 부유하게 만든다고 생각한다. 부자들은 자신을 위해 가난한 사람을 착취할 수밖에 없다고 보기 때문이다. 반면 자유지상주의자는 광범위한 자본주의적 자유가 부자는 물론이고 가난한 사람도 더 부유하게 만든다고 생각한다.

의무론적 고려도 중요하지만 그것이 전부는 아니다. 만약 마르크스주의자의 주장처럼 통상적으로 자본주의적 자유가 우리를 재난으로 인도한다면 그것을 옹호하기 어렵다. 자본주의로 인해 사람들이 비참해진다면, 자유지상주의가 옹호하는 정의는 축복이 아니라 저주가 되고 말 것이다.

정부의 권위와 적격성

9

정부란 사회를 구성하는 일부분으로 특정 지역의 특정인을 정당하게 강제하는 힘을 독점하고 있는 동시에 그 같은 강제적 독점을 유지하는 데 충분한 힘을 지닌 기구를 말한다. 다시 말해 정부는 각종 규칙을 제정하고 강요할 수 있는 독점적 권력이 있으며 시민은 그 같은 규칙을 준수할 도덕적 의무가 있다고 여겨진다.[*]

---

[*] 본래 명령할 수 있다는 것은 곧 강제할 수 있다는 것을 뜻하지만 여기서는 이와 동시에 정부의 강제가 정당하다는 것을 시사한다. 따라서 정부는 시민을 정당하게 강제하는 기구라고 이해할 수 있다. 한 가지 더 덧붙이자면, 정부는 당위적인 면의 정당성은 물론이고 실질적으로도 강제할 수 있는 힘을 가져야 한다. 다시 말해 실제로 시민을 강제하는 힘을 지니고 있을 때, 그것도 유일하게 그런 힘을 지닌 기구

오늘날 대다수 사람은 국민국가 체제, 즉 정부가 존재하고 있는 정치질서 속에서 살고 있다. 그 결과 우리 대부분은 정부가 존재하는 것이 자연스러운 것이며 그것이 대체로 좋다고 여긴다. 하지만 일상적인 것이 반드시 좋은 것은 아니다. 예컨대 우리는 일반적으로 독점이 좋지 않다고 생각한다. 어떤 기업이 특정 분야를 독점하는 것이 바람직한 현상이라고 생각할 사람은 별로 없을 것이다. 그러나 정부가 법과 제도를 만드는 힘을 독점하는 것에 의문을 제기하는 사람은 거의 없는 이유는 무엇인가? 또 이 책의 서문에서 언급했듯이 정부는 어떤 개인도 갖지 못한 권리를 행사한다. 사람들은 통상 정부는 어떤 음료를 마셔도 되고, 어떤 음료를 마시면 안 되는지 간섭할 권리가 있다고 생각한다. 우리에게는 그런 권리가 없지만, 예외적으로 정부에는 그러한 권리가 있다고 생각하는 이유는 무엇인가?

정부는 통상 다음과 같은 두 종류의 도덕적 권능을 지닌다고 여겨진다.

인 경우에만 정부로 인정받는다. 이에 따라 정부가 규칙을 제정하면 시민에게 규칙 준수를 강요할 수 있고 시민은 그것을 지킬 도덕적 의무가 있다.

1 · 특정 지역의 사람들에 대한 규칙을 제정하고 그것을 집행할 수 있는 도덕적 권능
2 · 특정 지역의 사람들이 정부가 제정한 규칙에 복종하는 것을 도덕적인 의무로 만드는 도덕적 권능

정치철학자들은 통상 첫 번째 도덕적 권능은 흔히 정부의 "적격성legitimacy"이라는 말로 표현하는 반면, 두 번째 도덕적 권능은 정부의 "권위authority"라는 용어를 사용해 표현한다.[52] (하지만 이 같은 용법이 학계에 정착되었다고 보기 어려우므로 맥락에 따라 이러한 용어가 무엇을 지칭하는지 유의해서 읽어야 한다.)

정부는 온갖 법규를 제정하고, 발의하고, 강제적으로 집행하는 것이 도덕적으로 인정될 때 적격성을 갖는다. 따라서 누군가 정부의 적격성에 대해 논하고자 한다면 적어도 다음과 같은 몇 가지 질문에 대해 답할 수 있어야 한다.

1 · 실제로 적격성을 지닌 정부가 존재하는가? (무엇이 정부에게 적격성을 부여하는가?)
2 · 정부의 적격성의 범위scope는 어디까지인가? 정부는 어떤 문제에 대한 규칙을 만들 수 있는가? 예를 들어, 자유주의자는 통상 정부가 일반인의 자발적 성행위에 관여할

수 없다고 생각한다.

3 · 정부는 규칙을 어떤 방식으로 강제 집행해야 하는가? 아마도 경범죄를 저지른 청소년을 사형해야 한다고 생각하는 사람은 없을 것이다. 다른 범죄는 어떻게 처벌해야 하는지도 까다로운 문제이다. 어떤 방식으로 규칙을 집행하는 것이 가장 효과적이고 가장 정당한지를 따지는 일은 매우 복잡하고 어려운 일이다.

4 · 정부가 통치할 수 있는 대상^{range}은 어디까지인가? 정부가 규칙을 제정하고 강제할 수 있는 대상은 누구인가? 두 나라가 전쟁을 벌인다고 상상해보자. 그리고 두 나라 모두 당신을 징집하려 한다고 가정하자. 만일 당신이 이 중 한 나라의 국민이라면 그 나라 정부는 당신을 징집할 수 있지만 국민이 아니라면 징집할 수 없다고 대부분 생각할 것이다. 하지만 분명해 보이지 않는 경우도 있다. 여하튼 정부의 적격성에 대한 이론이 온전하기 위해서는 정부의 권능이 미치는 대상과 관련된 문제에도 답할 수 있어야 한다. 앞으로 살펴보겠지만, 이는 생각보다 쉽지 않다.

시민이 정부의 법, 칙령, 명령 등에 복종할 도덕적 의무를

| 정치란 무엇이어야 하는가 |

지니는 경우에 한해 정부는 권위를 지닌다. 적격성 문제와 마찬가지로 권위에 대해서도 다양한 문제가 있을 수 있다.*

1 · 정부와 법규에 도덕적 권위를 부여하는 것은 무엇인가? 현존하는 정부 중 실제로 도덕적 권위를 가진 정부가 있는가?

2 · 정부가 도덕적 권위를 갖고 시민에게 명령할 수 있는 것은 무엇이고 할 수 없는 것은 무엇인가?

3 · 정부가 제정한 규칙에 복종해야 하는 도덕적 의무가 시민에게 있다면, 그것은 얼마나 강력한 의무인가?

4 · 정부의 도덕적 권위가 미치는 대상, 즉 정부가 제정한 규칙에 복종해야 하는 도덕적 의무가 있는 사람은 누구이

---

* 정부가 언제 어떤 경우에 법규를 제정하는 것이 도덕적으로 용인되는가라는 문제와 시민이 언제 어떤 경우에 법규에 마땅히 복종해야 하는가라는 문제는 다르다. 전자는 정치철학적으로 매우 중요한 문제로 지금까지 많은 논의가 진행되었다. 사회정의에 대한 논의, 민주주의에 대한 논의, 그리고 정당한 전쟁에 대한 논의 등이 모두 이 같은 문제의 일환이라고 볼 수 있다. 반면 후자는 그동안 상대적으로 많은 주목을 받지 못한 것이 사실이다. 전자는 법과 제도가 지닌 강제적 성격의 정당성에 대해 논하는 반면, 후자는 시민의 도덕적 의무 혹은 더 나아가 태도나 정서와 관련된 문제이기 때문일 수 있다. 하지만 양자의 관계를 어떻게 이해해야 하는가는 쉬운 문제가 아니다. 양자의 관계는 동전의 양면과 같다고 주장하는 사람도 있고 후자가 전자를 함축하지만 그 반대는 아니라는 사람도 있다. 물론 별개의 문제라고 보는 사람도 없지 않다. 아무튼 분명한 것은 양자의 관계를 철학적으로 성찰하는 것이 필요하다는 사실이다.

고 없는 사람은 누구인가?

이해를 돕기 위해 부연하면, 정부의 적격성은 경찰이 범죄
자를 체포하는 것을 정당화한다. 반면 정부의 권위는 경찰이
당신을 체포할 때 당신이 저항하는 것을 도덕적으로 정당하
지 않은 것으로 만든다. 결국 적격성은 강제를 정당화하는 도
덕적 허가증이고, 권위는 사람들이 스스로 복종하고 준수하
게 하는 도덕적 권능이다.*

정부가 권위를 가진다는 말은 그전에는 존재하지 않았던
도덕적 책무를 시민에게 부과할 수 있다는 것을 의미한다. 즉
정부가 어떤 명령을 한다는 바로 그 사실로 인해 그 명령을 준
수할 도덕적 의무가 시민에게 발생한다. 그러나 우리는 본래

** 우리는 통상 정부가 치안에 관한 법을 제정할 자격이 있다고 생각한다. 그리고 그
에 따라 경찰이 범법자를 체포하는 것이 정당하다고 생각한다. 더 나아가 일반 시
민도 본인에게 큰 위험이나 어려움이 없다면 경찰이 범법자를 체포할 수 있도록
도와야 한다고 생각한다. 하지만 당신 자신이 범법자인 경우라면 어떨까? 당신은
법을 위반하면 마땅히 자수해야 하고 그러지 않으면 죄책감을 느껴야 한다고 생각
하는가? 당신의 부모님, 자녀 혹은 배우자가 범법자라면 어떠한가? 이들이 경찰에
쫓기고 있을 때 당국에 이들을 고발해야 하는 도덕적 의무가 있는가? 그렇지 않다
고 생각하는 사람도 있을 것이다. 대개 정부가 법을 제정할 자격이 있다고 말할 때,
시민은 그것을 따를 도덕적 의무가 있다고 생각하기 쉽다. 하지만 모든 경우에 자
동적으로 그러한 의무가 생기는 것은 아닌 듯하다. 다시 말해, 강제를 정당화하는
도덕적 허가증이라 볼 수 있는 적격성과 사람들이 스스로 기꺼이 복종하고 따르게
하는 도덕적 권위는 유래와 성격에 있어 서로 다르다고 생각하는 것이 좀 더 설득
력 있게 들린다.

무고한 사람을 해치지 않을 도덕적 의무가 있다. 정부 또한 그것을 금지하는 것이 사실이다. 이 경우 우리는 법을 지켜야 할 도덕적 의무가 있다고 말할 수 있다. 그러나 정부가 무고한 사람을 해치면 안 된다는 법을 제정했기 때문에 그러한 행동을 해서는 안 되는 것이 아니다. 정부의 명령과 무관하게 그런 행동을 하지 않는 것이 도덕적으로 옳기 때문이다. 무고한 사람을 해치지 않을 의무는 정부가 부여한 것이 아니며, 아무리 정부라 해도 이 의무를 없앨 수 없다.

반면 정부는 도덕적 의무가 아닌 것을 명령할 수도 있다. 일례로 정부는 소득의 3분의 1을 징세할 수 있다. 우리에게 납세에 대한 도덕적 의무가 있다면, 그것은 정부가 존재함으로써 발생하는 의무이다. 정부가 징세를 포기하면 납세 의무는 얼마든지 사라질 수 있다. 또한 정부는 의무의 내용도 변경할 수 있다. 정부가 조세정책을 변경해 소득의 4분의 1을 징수하기로 한다면, 우리의 납세 의무 또한 그에 따라 변한다.

정부의 적격성과 정부의 권위는 상호 독립적이다. 정부에 적격성은 있으나 권위는 없는 경우를 생각해볼 수 있기 때문이다. 도덕적 측면에서 생각해보면, 정부가 규칙을 제정하고 집행할 수 있는 사회에서도 시민 개개인은 정부가 제정한 규칙을 준수해야 하는 도덕적 의무를 갖지 않을 수도 있다. (달리 말하면, 정부가 제정한 규칙을 준수해야 하는 나름의 이유가 있을지 모르지만, 단지 정부가 규칙을 제정하고 명령하기 때문에 규칙을 준수해야 하는 도덕적 의무는 없을 수 있다.) 예를 들어, 정부가 시민에게 세금을 부과하는 것은 도덕적인 관점에서 볼 때 정당할 수 있다. 하지만 시민 개개인은 충실히 납세할 도덕적 의무가 없고, 만약 그렇게 할 수 있다면 탈세할 방법을 궁리하는 것도 무방하다고 주장할 수 있다.

보통 사람들은 정부의 적격성과 권위를 동전의 양면처럼 생각한다. 하지만 철학자들은 그렇지 않다. 정부의 적격성은 인정하면서도 정부의 권위는 인정하지 않는 것이 정치철학의 주도적인 입장인데, 이는 현대 철학자 A. 존 시몬스[A. John Simmons] 가 선보인 정치적 책무에 대한 아주 중요한 연구에 많은 영향을 받았다.[53] 정치철학자들은 흔히 정부가 법의 제정과 집행에 대한 정당성을 갖고 있다고 보지만, 그로 인해 정부가 제정한 법을 준수할 도덕적 의무가 시민에게 발생한다고 생각하지 않는다. 대체로 보통 사람들은 "악법도 법이다."라고 생각하는데 정치철학자들 대부분은 이에 동의하지 않는다. 어떤 법이든 준수해야 하는 의무가 있다는 생각 또는 국가는 그 자체로 존중의 대상이어야 한다는 생각은, 적어도 정치철학자들에게는 상당히 비판받을 수 있는 견해이다.

| 정치란 무엇이어야 하는가 |

정부의 적격성 옹호 논증 중 가장 주도적이면서 유명한 논증의 형태는 결과주의적이다. 이 논증은 다음과 같이 요약할 수 있다.

1 · 우리는 무정부 상태에서 살거나 어떤 정부 치하에서 살거나 할 수밖에 없다.
2 · 무정부 상태에서 사는 것은 재앙이지만 적어도 일부 정부 치하에서 사는 것은 상당히 괜찮다.
3 · 따라서 무정부 상태보다 정부 치하에서 사는 것이 좋다.

이 논증의 전형은 17~18세기 영국의 철학자 토머스 홉스 Thomas Hobbes 와 존 로크에서 찾아볼 수 있다. 홉스와 로크 모두 누군가 다른 사람을 통치할 수 있는 어떤 권능을 타고난다고 생각하지 않는다. 오히려 누구나 무엇이든 자기 마음대로 할 수 있는 것이 태초의 상태라고 생각했다. 하지만 홉스와 로크 모두 권력을 한 곳에 집중해서 통치하지 않으면 곤란한 상황에 놓이게 된다고 전망한다. 홉스의 말을 빌리면, 정부가 없는 상태에서의 삶이란 "험난하고, 빈곤하며, 야만적이고, 짧다."[54] 사람들이 서로를 불신하고 수탈할 기회만 노리게 될 것이라고 본 것이다. 로크는 홉스보다 "자연상태"를 덜 비관적으로 생각해서 자연상태에서 우리가 겪는 어려움을 "불편함 inconvenience"이라고 표현한다.[55] 그러나 우리가 무정부 상태에서 살기 좋다고 생각하는 것은 아니다. 로크는 무정부 상태에서 우리가 겪는 불편함, 어려움이 상당할 것이라고 예상한다. 권리를 침해당하는 사람이 많을 것이고, 다툼이 생겼을 때 누가, 얼마나 잘못했는지를 두고 의견이 서로 분분할 것이며, 사람들은 자기 이익을 위해 수단과 방법을 가리지 않을 것이고, 정도가 심해지면 큰 싸움이나 전쟁으로 이어질 수 있다고 본다.

홉스와 로크 공히 공권력이 부재하는 자연상태의 혼란을 피하기 위해서는 정부가 필수적이라고 본다. 어떤 유형의 정부가 필요한지에 대해 두 사람의 생각은 다르지만, 무정부 상태보다는 정부가 있는 상태가 바람직하다고 생각한 점에서는 차이가 없다. 하지만 이들의 주장에 설득력이 있으려면 다음의 두 가지가 분명해야 한다. 하나는 무정부 상태에 대한 진단, 즉 무정부 상태의 삶이 어떤지에 대한 진단이 정확해야 한다는 것이다. 다른 하나는 정부 치하의 삶에 대한 진단 또한 참이어야 한다는 것이다. 무정부 상태가 정부가 있는 상태에 못지않게 좋은 삶을 보장할 수 있다면 이들의 주장은 설득력

| 정치란 무엇이어야 하는가 |

을 잃게 된다.[56]*

정부 치하의 삶이 무정부 상태의 삶보다 더 나을 것이라는 주장의 유력한 근거 중 하나는 "공공재에 의거한 논증"이다. 공공재$^{public\ good}$란 경합적이지 않고 배타적이지 않은 재화를 말한다. 재화가 경합적이지 않다는 말은 어떤 사람이 그것을 사용하거나 즐긴다고 해서 다른 사람이 그것을 사용하거나 즐길 수 없게 되지 않는다는 것을 의미한다. 재화가 배타적이지 않다는 말은 특정인에 국한해 재화를 제공할 수 없다는 것을 의미한다. 예를 들어, 거대한 운석이 지구와 충돌할 위험이 있을 때 누군가 충돌을 방지하기 위해 지구 밖으로 미사일을 쏘아 올리는 것은 특정 개인이나 국가에만 이익이 되는 행동이 아니다. 지구상의 모든 사람이 그 혜택을 누릴 수 있다. 흔히 홍수 통제 시스템, 등대, 도로, 대기질, 국방 등을 공공재라고 말한다.

---

* 무정부 상태가, 홉스나 로크가 생각하는 것처럼 비참한지에 대해서는 이견이 있을 수 있다. 아마존과 아프리카의 원시부족, 미합중국 이전 북미대륙에 살았던 원주민, 국민국가 체제가 자리 잡기 이전의 유럽 각국에 존재했던 지역 공동체 등 비참하다고 볼 수 없는 사례도 적지 않기 때문이다. 하지만 무정부 상태가 열악하지 않다고 가정해도 정부의 유용성을 주장할 수 있다. 정부가 존재하는 것이 무정부 상태보다 우리가 살아가는 데 상대적으로 더 유리하다면 바로 그 점이 정부의 유용성에 대한 근거로 작용하기 때문이다. 그 결과 법과 제도를 준수해야 할 도덕적 의무를 옹호하는 논증은, 흔히 무정부 상태에 대해 논의하기보다 정부 체제가 주는 이점에 대해 초점을 맞춘다.

공공재에 기초한 통상적인 정부 체제 옹호 논증은 다음과 같이 요약할 수 있다.

1 · 인간다운 삶을 누리는 데 필수 불가결한 공공재가 있다.
2 · 시장에 맡겨 놓으면 공공재가 제대로 공급될 가능성은 적다.
3 · 반면 정부 치하에서는 공공재가 제대로 공급될 가능성이 크다.
4 · 따라서 정부 치하의 삶이 무정부 상태의 삶보다 더 낫다.

이 논증에서 **전제1**은 규범적 성격을 띠고 있다. 따라서 이 논증에 설득력이 있으려면 인간다운 삶에 필수 불가결하다고 생각할 만큼 가치 있는 재화가 있는지를 먼저 보여야 한다.[*] 반면 **전제2**와 **3**은 실재 사실에 관한 진술이다. 따라서 경험과 학적으로 검증해야 한다. 흔히 **전제2**를 뒷받침하는 근거로 제시되는 것은 "무임승차 문제"이다. 무임승차 문제는 재화가 배타적이지 않아서 사람들이 비용을 지불하지 않고 혜택을

---

[*] 인간다운 삶을 이해하는 방식에 따라 무엇이 필수 불가결한지가 달라질 수 있다. 그러나 인간다운 삶을 어떻게 이해하든 안보, 환경, 인프라 등의 유용성을 부인하기는 어렵다. 따라서 전제 1에서는 별다른 문제가 발생하지 않는다.

누리려는 경향이 있을 때 발생한다. 사람들은 다른 이들이 무임승차할 가능성이 클 때 누구도 앞장서 재화를 만들어내지 않으려 할 것이다. 그 결과 아무도 공공재를 제공하지 않아 필수 불가결한 재화가 제공되지 않는 문제가 발생한다는 주장이다.[57]

이제 다시 정부의 권위 문제로 돌아가자. 정부에 권위가 있다는 말은 정부가 모종의 입법 절차를 거쳐 어떤 법을 제정하거나 칙령을 만들었을 때 시민들이 그 법이나 칙령을 준수해야 할 의무가 있다는 것을 의미한다. 지난 2,500여 년 동안 철학자들은 정부가 그 같은 권위를 가질 수 있는 근거를 다양한 방식으로 제시했다. 하지만 최근에는 정부에 그 같은 권위가 있다는 주장은 점차 설득력을 잃고 있다.[**] 이에 대한 자세한 논의를 일일이 소개할 수는 없겠지만 가장 대표적인 몇 가지 논증을 소개하고자 한다.

정부의 권위를 옹호하는 가장 대표적인 논거 중 하나는 시

[**] 하이에크에 따르면, 사람들은 정부가 존재하지 않은 상태에서도 "자생적 질서"를 통해 공공재를 생산할 수 있는 상생체제를 구축해왔다. 사실 하이에크가 아니어도 무정부 상태에서는 공공재가 제대로 공급되기 어렵다는 주장에 동의하는 사람은 그리 많지 않을 것이다. 만일 하이에크가 옳다면, 적어도 무임승차 문제에 기초해 공공재를 제공하는 정부의 법규를 따르는 것이 우리의 도덕적 의무라는 주장은 논란의 여지가 있다.

민들이 정부의 권위를 어떤 방식으로든 승인했다는 주장에 기초해 있다. 실제로 우리는 학교에서 민주주의는 피치자의 동의에 기초해 있다고 배운다. 플라톤의 대화편『크리톤^{Kriton}』에서 소크라테스는 우리가 모종의 "사회계약"을 통해 정부의 통치에 동의했다고 주장한다. 로크 역시 유사한 논증을 펼쳤다.[*] 예를 들어 보자. 통상 직장인은 회사와 모종의 계약을 맺는다. 직장에서 봉급과 각종 혜택을 받는 대신 직장 상사의 지시에 따라 주어진 업무를 수행한다. 어쩌면 정부와 시민의 관계도 이와 유사할지 모른다. 우리는 정부의 보호와 각종 사회적 서비스를 받는 대신 정부에 복종하고 세금을 낸다고 생각할 수 있다.

문제는 정부와 우리의 관계는 전혀 자발적 동의 과정을 거쳐 형성된 것이 아니라는 데 있다.^{**} 어떤 관계가 명시적인 동

---

* 『크리톤』에서 소크라테스는 우리가 모종의 사회계약을 통해 자발적인 방식으로 정부의 통치에 동의했기 때문에 소위 악법이라고 불리는 법도 준수해야 하는 도덕적 의무가 있다고 주장한다. 로크는 "묵시적 동의"라는 개념에 기초해 소크라테스의 논증을 발전시킨다.

** 아주 예외적인 경우를 제외하고, 자국의 정부를 명시적으로 인정하거나 거부할 기회를 가질 수 있는 사람은 거의 없다. 하지만 그렇다고 해서 우리가 자발적으로 정부의 존재를 승인한 적이 전혀 없다고 단언하기는 어렵다. 명시적인 어떤 행위가 있어야만 자발적으로 동의했다고 말할 수 있는 것은 아니기 때문이다. 특히 우리가 정부의 존재를 애써 부정하지 않고 정부가 제공하는 것을 누리며 살고 있다면, 암묵적이지만 자발적인 방식으로 동의했다고 말할 수 있을지도 모른다. 그러나 이렇게 쉽게 판단할 수 있는 문제는 아닌 듯하다.

| 정치란 무엇이어야 하는가 |

의가 없어도 자발적 동의에 기초해 있다고 여겨지기 위해 충족해야 하는 조건을 일반적인 계약의 사례를 통해 생각해보자. 최근 나는 펜더 전기기타를 하나 구매했고, 이를 위해 다음과 같은 절차를 밟았다.

1 · 나는 계약을 체결하고 그에 따라 물품을 구입했다. 나는 당시 판매상에게 전기기타를 주문했다. 그리고 전기기타를 얻는 대신 대금을 치렀다. 이 결과는 자발적 동의에 의한 것이었다.

2 · 내게 전기기타 구입을 강제한 사람은 없다. 내가 원하지 않았다면 나는 얼마든지 기타를 구입하지 않을 수 있었다.

3 · 내가 "이 가격에는 기타를 사지 않겠습니다."라고 말했다면 계약은 성사되지 않았을 것이다.

4 · 판매상은 내게 전기기타를 건네준 이후 돈을 받았다. 즉 주고받는 거래였다.

전기기타 구매 사례에서 볼 수 있듯 계약이 자발적인 방식으로 성사되기 위해서는 몇 가지 조건을 충족해야 한다. 내가 전기기타를 주문하지 않는데도 판매상이 내게 기타를 보낸

뒤 돈을 가져간다면, 그것은 계약이 아니라 절도이다. 판매상이 머리에 총을 겨눠 기타를 사지 않으면 죽일 것이라고 위협해서 강제로 전기기타를 팔아도 계약이 아니다. 그것은 강도 행위이다. 한편 나는 전기기타를 원하지 않는다고 말했는데도, 내게 무료로 전기기타를 보내는 것도 계약에 의한 행동이 아니다. 그저 원하지 않는 선물을 준 것이다. 끝으로 판매상이 내게 돈을 받고서 전기기타를 주지 않는 것은 사기 혹은 계약 위반이다.

이제 정부와 시민의 관계로 돌아가자. 정부와 시민의 관계는 정당한 계약을 통해 전기기타를 구매한 것과 유사한가 아니면 절도, 강도, 원하지 않는 선물 또는 사기에 가까운가? 만약 후자라면 정부의 권위가 시민의 자발적 동의에 기초해 있다고 주장하기 어려울 것이다. 시민이 투표하든 하지 않든, 정치에 참여하든 하지 않든, 동의하든 그렇지 않든 정부는 각종 규칙, 규제, 제한, 혜택 그리고 세금을 시민에게 부과하고 강요한다. 시민이 무엇을 말하고 어떻게 행동하는지에 따라 정부가 하는 일의 방식이 달라지지는 않는다.

더구나 시민은 정부의 통제에서 벗어날 방법이 거의 없다. 정부는 우리가 거주할 수 있는 영토 전부를 통제한다. 따라서 우리는 정부의 손아귀(?)에서 벗어날 방법이 없다. 기껏해야

| 정치란 무엇이어야 하는가 |

재력 있고 이민을 합법적으로 허가 받은 소수의 사람만이 어떤 정부 치하에서 살지를 선택할 수 있다. 하지만 이민도 진정한 의미에서 자발적 동의 행위라고 보기 어렵다. 전설 속의 부족 족장이 당신에게 "우리 중 한 명과 결혼하지 않으면 당신을 죽일 것이다. 하지만 누구를 선택할지는 당신 자유다."라고 말한다고 해보자. 이때 당신은 배우자를 선택할 자유를 갖고 있는가? 그리고 당신이 배우자를 선택한다면 그것을 자발적 선택이라고 볼 수 있는가?[58]

심지어 정부는 우리가 분명하게 반대 의사를 표명해도 규칙을 강요한다. 당신이 애연가라고 해보자. 또한 당신은 흡연을 법으로 금지하는 것이 부당하다고 생각하고 정부의 각종 금연정책에 반대한다고 하자. 당신이 금연정책에 명시적으로 반대를 표명해도 정부는 금연정책 시행을 강제할 수 있다. 그리고 당신은 그에 따를 수밖에 없다. 정부에게 당신의 의사는 중요하지 않다.

끝으로, 정부는 자신의 소임을 다하지 못해도 시민에게 법규를 따르라고 요구하고 강제로 세금을 징세한다. 이는 일반적인 계약 관계에서는 찾아볼 수 없는 관계이다. 예를 들어 정부가 교육 서비스를 적절하게 제공하지 못하거나 치안 유지에 실패하는 일은 종종 발생한다. 이러한 경우에도 당신은 교육법과 치안법을 따라야 하며 세금도 내야 한다. 현대 철학자 마이클 휴머^{Michael Huemer}는 미국 연방 대법원은 정부가 개별적인 시민을 보호할 의무가 없다는 판결을 이미 여러 차례 내렸다고 지적한다. 정부가 개별 시민을 보호할 의무가 없다면 어떻게 되는가? 예를 들어, 집에 강도가 든 것이 의심되는 상황에서 수차례 신고했음에도 불구하고 경찰이 제때 대응하지 않아 큰 피해를 입었다고 해보자. 이때 우리는 정부에 책임을 물을 수 있는가? 이런 상황에서도 정부는 책임이 없다.[*] 물론 그럼에도 불구하고 정부는 당신에게 치안을 명목으로 세금을 거둬갈 것이다.[59]

이렇게 보면, 민주적 정부를 포함해 어떤 형태의 정부이든 정부와 시민의 관계는 자발적 동의에 기초한 계약에 관계라고 볼 수 없다. 물론 자발적 동의가 정부의 권위를 정당화하는 유일한 논거는 아니다. 어떤 철학자는 우리가 정부의 기능을 온전히 인식하고 공평무사하게 생각할 수 있다면 정부의 권위에 동의할 수밖에 없다고 주장한다. 다른 철학자는 공정한

---

* 미국 연방 대법원 판례에 따르면 정부는 시민 개개인의 피해에 대해 배상할 책임이 없다. 치안 서비스를 제공해야 하는 정부의 의무는 대중 일반, 즉 매우 모호하고 그 실체가 전혀 구체적이지 않은 어떤 대상에 대해서만 존재한다. 그렇다면 "대중 일반"을 어떻게 이해하든 정부와 시민의 관계는 일방적인 관계이며 쌍방이 무엇인가를 주고받는 자발적 동의에 기초한 관계라고 보기 어렵다.

거래의 의무를 거론하고, 또 다른 사람은 이타적 상호주의나 보은의 의무를 제시한다. 여기서 모든 이론을 상세히 다루기는 어렵다. 대신 이 문제에 관심 있는 독자에게 도움이 될 만한 도서 목록을 참고문헌에 제시할 것이다.

사회란 무엇인가?

10

　지금까지 우리는 "사회"라는 용어를 정확하게 정의하지 않고 논의를 진행했다. 하지만 철학자들은 종종 자신이 원하는 방식으로 이 개념을 규정한다. 롤스는 사회의 기본 구조, 즉 사회제도를 평가하는 것을 정의론의 목적으로 제시하면서 "사회는 상호 간의 이익을 위한 협동체"라고 말한다.[60] 하지만 다른 철학자들도 롤스와 같은 방식으로 사회를 이해하는 것은 아니다. 사실 롤스처럼 사회를 그저 상호 이익을 추구하기 위한 협력의 장으로 이해하는 경우는 드물다. 오히려 사회는 어떤 공공선을 증진하기 위한 터전, 더 나아가 시민적 덕목을 함양하여 자신을 성장시켜 나가는 장이라고 보는 것이 보통이다.[61] 한편 사회의 성격에 더해 사회의 범위를 어떻게 볼 것인가도 중요한 이슈 중 하나이다. 평등주의자가 부의 불평등에 대해 불만을 토로할 때 그들은 일차적으로 자신이 속한 공동체 내의 불평등에 초점을 맞추고 있다. 하지만 시야를 넓혀 세계적인 관점에서 불평등 문제를 조망하면 특정 선진국에서 발생하는 불평등은 그다지 긴박한 문제가 아닐 수도 있다. 물론 문화상대주의자처럼 생활공동체나 문화공동체를 초월해서 도덕적인 평가나 논의가 이뤄질 수 없다고 보고 그에 따라 불평등 문제를 범세계적 관점에서 접근하는 것을 지양하는 입장도 있을 수 있다.

그렇다면 사회를 어떻게 이해해야 하는가? 어떤 사회와 다른 사회를 구별하는 준거는 무엇인가? 그 경계는 얼마나 분명한가? 개인은 오직 어떤 한 사회의 구성원일 수밖에 없는가? 아니면 동시에 여러 사회의 구성원이 될 수 있는가? 만일 여러 사회의 구성원이라면, 정의에 대한 문제를 생각할 때 가장 우선 고려해야 하는 사회는 어떤 사회인가?

대부분은 사회가 우리가 살고 있는 국가의 시민 혹은 체류민으로 구성된다고 생각한다. 정말 그런가? 사회는 상호 간의 이익을 위한 협동체라는 롤스의 주장이 옳다면, 국가 공동체가 곧 내가 속한 사회라는 주장은 엄밀한 의미에서 참일 수 없

| 정치란 무엇이어야 하는가 |

다. 사람들이 이익을 추구하기 위해 벌이는 사업의 범위는 흔히 국경을 초월하기 때문이다. 거꾸로 같은 나라 사람이어도 상당수는 나와 상호 이익을 추구하는 협동 관계를 맺고 있다고 말하기 어렵다. 물론 같은 나라에 사는 사람들은 아주 미미할지라도 어떤 영향을 주고받는다고 생각할 수도 있다. 하지만 이런 방식으로 생각하면 우리가 사용하는 컴퓨터는 물론이고 식재료까지도 우리나라 사람을 포함해 전 세계 수백 수천만 명이 복잡한 방식으로 관여하고 작용한 결과라고 봐야 한다.

민족주의^{nationalism}는 사람들은 자국민과 남다른 관계를 맺고 있으며 그에 따른 특별한 의무를 진다는 주장을 담고 있다. 순수하게 경제적인 측면에서만 보자면 국산품을 사용하는 것이 합리적인 선택이 아닌 때에도 국산품을 애용해야 한다고 생각하거나, 우리나라 사람이 외국에서 무엇인가 잘못을 저지른 것을 보고 마치 자신이 한 일인 것처럼 부끄러워하거나 당혹감을 느끼는 것도 민족주의적 현상이다.[*]

---

[*] 우리 대부분은 자국, 자국민에 대해 어느 정도 친애하는 마음을 가진다. 올림픽이나 월드컵 경기를 할 때 누가 강제로 시켜서 자기 나라 사람을 응원하는 것이 아니듯 자국, 자국민에게 친애하는 마음을 갖는 것은 어찌 보면 자연스럽다. 도덕적 지평에서 말하자면, 민족주의는 이런 현상에 기반해 우리가 어떤 나라의 국민이라는 사실이 그 자체로 어떤 도덕적 함의를 지닌다고 보는 입장이다.

말하자면 민족주의는 자국민을 마치 확장된 가족의 일원처럼 대우해야 한다는 견해이다. 우리는 대체로 모든 사람에게 잘 대해야 하지만 모든 사람을 똑같이 대우해야 한다고 생각하지는 않는다. 보통은 모르는 사람보다 가족과 친구를 더 아낀다고 해서 이상하게 여기지 않는다. 사람에 따라서는 다른 사람보다 자신과 가까운 사람을 훨씬 더 잘 대하지 않으면 뭔가 잘못을 저지르고 있다고 생각하기도 한다. 아마 정도 차이는 있어도 대다수가 이처럼 편애적인 생각에서 크게 벗어난 방식으로 행동하지는 않을 것이다. 아주 예외적인 상황이 아니라면 가족의 일원과 아무 연고 없는 사람에게 동시에 다급한 일이 생겼을 때 가족을 제쳐두고 모르는 사람의 사정을 먼저 돌봐야 한다고 생각하는 사람은 거의 없을 것이다.

민족주의가 옳지 않다면, 대표적인 부국 중 하나인 스웨덴 정부가 자국민의 복지를 위해 엄청난 예산을 투입하는 것을 설명할 수 없을 것이다. 스웨덴에서는 하층 계급에 속하는 사람도 저개발 국가의 빈곤층보다 훨씬 윤택한 삶을 누릴 수 있기 때문이다.* 극단적인 민족주의를 신봉할 경우, 사람들은 자

---

* 우리가 어려움에 처한 사람일수록 더 먼저 그리고 더 많이 도와야 한다는 원칙에 충실하게 행동한다면 스웨덴 사람은 물론이고 우리도 자국민보다는 저개발국의 빈민층에 구호의 손길을 먼저 보내야 한다. 그러나 전 세계에서 그렇게 하는 나라

국민의 이익을 위해 다른 나라 사람을 희생하는 것을 당연하게 여길 수 있다. 비록 그로 인해 자국민이 얻는 이득이 다른 나라 국민의 이익에 비해 보잘것없는 경우에도 말이다.

민족주의의 대안으로 제시되는 아이디어 중 일반적으로 가장 잘 알려진 것은 "범세계주의cosmopolitanism"이다. 범세계주의는 전 세계 모든 사람을 국적이나 민족 등에 상관없이 동등하게 대우해야 한다는 입장이다. 범세계주의자는 국적에 도덕적 의미를 부여하는 것이 부당하다고 비판한다. 이들은 자국민을 가족이나 친구처럼 여겨야 한다는 주장에도 반대한다. 따라서 범세계주의자의 관점에서 보면, 자국의 영토에 거주하는 외국인의 권익을 자국민의 권익보다 덜 중요하게 여기거나 가치 없다고 여기는 것은 도덕적으로 비난받아 마땅한 일이다.

민족주의에 대한 두 번째 대안은 향토주의localism이다. 향토주의도 범세계주의와 마찬가지로 자국민을 가족이나 친구처

는 아마 없을 것이다. 그렇다면 자국민 우선주의를 채택하고 있는 전 세계의 모든 국가가 잘못된 방식으로 행동하고 있다고 보거나, 그 이유를 쉽게 설명하기 어렵다 해도 민족주의가 어떤 근본적인 진리를 담고 있다고 보는 수밖에 없다. 우리는 민족주의를 왜 용인해야 하는가? 어느 정도까지 용인해야 하는가? 그리고 어떤 경우에 어느 정도까지 자국민에 대한 우대를 도덕적으로 정당화할 수 있는가? 이는 현대 정치철학에 있어 매우 중요하고 긴박한 문제이다.

럼 여기는 것에 반대한다. 하지만 범세계주의와 달리 자신이 살고 있는 지역공동체 사람을 모르는 사람과 대등하게 대우하는 것에는 동의하지 않는다.* 향토주의자는 국산품 애용 운동에 찬성하지 않을지 몰라도 지역상품권 사용처럼 지역 경제를 활성화하는 활동에는 동조할 것이다.

엄밀하게 보면 반드시 그런 것은 아니지만, 대체로 경제학자와 고전적 자유주의자 그리고 자유지상주의자는 범세계주의적 경향을 띤다. 반면 진보적 자유주의자 중에는 민족주의자가 많다. 물론 이들 중에는 범세계주의자들도 있다. 끝으로 진보적 성향의 공동체주의자는 향토주의, 보수주의자는 민족주의로 기우는 경향이 크다. 이러한 현상이 발생하는 이유에

---

* 어떤 면에서 보면, 향토주의는 범세계주의와 상반된 논거를 들어 민족주의를 비판하는 것처럼 보인다. 향토주의에 따르면, 우리가 가족이나 친지를 다른 사람보다 우대하는 것은 자연스러우며 도덕적으로도 권장된다. 하지만 향토주의는 이 점이 민족주의를 정당화하지는 않는다고 본다. 왜냐하면 민족주의는 단지 동족이라는 사실에 기반하여 별다른 연고 없는 불특정 다수를 가족이나 친지처럼 대하라고 요구하기 때문이다. 향토주의에 따르면, 민족은 실재하지 않는다. 그저 상상의 산물일 뿐이다. 우리가 넓은 의미에서 문화와 역사를 공유하는 사람, 즉 '우리 민족'이라고 지칭하는 사람들과 가족이나 친지, 친구는 다르다. 우리가 문화와 언어 그리고 역사를 가족이나 친지와 공유하는 것처럼 민족이 이를 공유한다고 주장할 수 있다면, 같은 논리로 인류 모두가 문화와 언어 그리고 역사를 공유한다고 말하지 못할 이유도 없다. 결국 친밀한 정도가 문제인데, 향토주의의 관점에서 보면, 국가 공동체나 민족 공동체의 일원의 친밀도는 그들이 서로 편애하는 것을 도덕적으로 정당화할 만큼 높지 않다. 향토주의는 범세계주의와 달리 친밀도를 중요한 도덕적 준거의 하나로 인정하지만, 국가 공동체의 모든 일원에게 친밀도에 기초한 우대를 정당화하지 않는다는 점에서 민족주의와 다르다.

대한 해석은 다양하지만, 철학의 차이라기보다는 성향의 차이에서 비롯한다는 해석이 유력하다. 도덕심리학자 조너선 하이트$^{Jonathan\ Haidt}$는 충성심을 얼마나 본질적인 도덕적인 가치로 보는지가 자유지상주의자와 보수주의자의 결정적인 차이라고 말한다.[62] 이러한 현상의 또 다른 요인은 아마도 경제일 것이다. 자유지상주의자는 보수주의자보다 경제가 도덕과 밀접한 관계가 있다고 보는 경향이 있는데, 경제적 관점에서 보면 날이 갈수록 세계화가 점점 더 진행되는 현재 상황에서 이제 국경은 별다른 의미를 갖지 못하기 때문이다.

** 자유주의자에게 의리는 자신이 동질성을 느끼는 집단과 구성원을 맹목적으로 감싸는 것일 뿐 별다른 독립적인 도덕적 가치를 지니지 못한다. 하지만 보수주의자는 물론이고 대부분의 사람들은 의리 있는 사람과 없는 사람이 도덕적으로 또는 인격적으로 아무런 차이가 없다고 생각하지 않는다. 우리 대부분은 어려서부터 의리 있는 사람이 되어야 한다고 배운다. 하지만 만약 가족이나 자신이 속한 집단에게 특별한 의무를 가져야 한다는 위의 입장이 마치 내향성이나 외향성 같은 어떤 심리적 특질에 기인한다면, 그것을 도덕 판단의 준거로 삼는 것이 적절한가? 그리고 나아가 이를 정치적 이념화할 수 있는가? 어쩌면 민족주의를 둘러싼 논의는 민족에 대한 편애가 아니라 우리가 가지고 있는 도덕적 감정의 편향성에 대한 논의라고 이해할 수 있는 이유도 여기에 있다.

정치경제학의 필요성

11

다음 논증을 분석해보자.

1 · 정부는 국민의 복리 증진을 위해 노력해야 하며 이에 필요한 조치를 강구해야 한다.

2 · 정부가 국민의 복리 증진을 위해 노력해야 하고 이에 필요한 조치를 강구해야 한다면, 우리는 법과 제도를 활용하여 국민이 일정 수준 이상의 복지를 누리는 국가를 건설해야 한다.

3 · 따라서 우리는 법과 제도를 활용하여 국민이 일정 수준 이상의 복지를 누리는 국가를 건설해야 한다.

논의를 위해 모든 사람이 **전제1**에 동의한다고 가정하자. 그렇게 가정해도 이 논증에는 결함이 있다. **전제2**에 문제의 소지가 있기 때문이다. 장기적인 관점에서 국민의 복리를 개선하는 문제를 생각해보면, 실제로 복지국가가 여러 국가 체제 중 최선의 체제인지 확인해봐야 한다. 만약 우리가 진정으로 국민 복리를 중요하게 생각한다면 이는 결코 당연시할 수 없는 문제이다. 복지국가는 국민의 복리 증진에 가장 효율적인가?

안타깝게도 정치철학을 공부하는 사람들은 종종 이런 문제를 중요하게 생각하지 않는다. 그들은 오히려 내가 "정부만능주의의 오류the Fallacy of Direct Governmentalism"라고 부르는 오류를 쉽게 저지른다. 정부만능주의의 오류는 할 만한 가치가 있다고 판단되는 일이 있을 때 첫째, 무엇보다 정부가 앞장서서 그 일을 추진해야 하며 둘째, 가급적 정부가 직접 그 일에 필요한 조치를 취해야 한다는 견해를 지칭한다.

정부만능주의의 오류는 두 개의 개별적인 오류로 구성되어 있다. 첫 번째는, 어떤 것이 할 만한 가치가 일이라면 무조건 정부가 나서서 추진해야 한다는 생각이다. 그러나 정부가 그 일을 해야 마땅한지 아닌지는 따져봐야 아는 일이다. 그리고 어떤 일이 정부가 나서서 추진할 만한 것인지 판단하려면, 무엇보다 그 일을 하는 데 정부의 공권력이 필요한지 생각해봐야 한다. 예를 들어, 자원봉사를 활성화하는 것이 장려할 만한 일이라고 가정해보자. 만일 정부가 자원봉사를 활성화하기 위해 이런저런 방식으로 자원봉사 단체를 도우려 한다면, 그것이 마땅히 반겨야 할 일인가? 그렇지 않을 수 있다. 순수하게 선의로 할 수 있는 일을 정부가 긍정적 또는 부정적 유인을 통해 왜곡할 수 있기 때문이다. 사안에 따라서는 정부가 주도하는 것이 가장 효율적이지 않은 방법일 수 있다.

두 번째 오류는, 정부가 그 일을 추진하는 것이 옳으므로 정부가 직접 그 일을 관장하는 것이 좋다는 생각이다. 그런데 어떤 일을 정부가 주도해 추진하는 데에는 적어도 두 가지 방식이 있다. 하나는 정부가 모든 일을 직접 관장하는 것이다. 다른 하나는 정부가 지시하고 감독하지만 직접 일하지는 않는 방식이다. 예를 들어, 정부가 빠른 경제 회복을 도모한다고 해보자. 이때 정부는 기업에 자금 지원을 하거나, 특정 사업체를 후원하거나, 경기 진작을 위해 유동성을 늘리는 것처럼 직접적인 방식으로 일을 할 수 있다. 다른 한편, 입헌 민주주의적 질서를 공고히 해서 사회 안정성을 높이는 것처럼 간접적인 방식도 있다. 말하자면 법치를 준수하고, 법원의 역할을 강화하고, 재산권을 보장하는 것이다. 사회 안정성이 높아지면 사람들이 적극적으로 경제활동에 참여하는 경향이 있기 때문이다. 정부가 직접적 개입과 간접적 개입을 어떻게 혼용해서 사용하는 것이 가장 효과적인지를 밝히는 것은 경험적이고 사회과학적인 과제이다. 따라서 정부가 추진해야 하는 일은 무조건 정부가 직접 개입해야 한다고 예단하는 것은 옳지 않다. 이미 잘 알려진 것처럼, 정부가 간접적인 방식으로 개입할 때 결과도 대체로 좋다.

롤스는 정치철학적 논의를 할 때 정치경제적 고려를 잠시 미루어두는 것이 요긴할 때가 있다고 말한다. 일단 어떤 제도든 그것이 항상 주어진 목적을 잘 이룰 수 있다고 상상한 상태에서 논의하자는 것이다.[63] 그러나 롤스의 제안을 따르면 사실 제도를 제대로 이해하기 어렵다.* 우리는 제도가 주어진 목적을 잘 이룰 수 있다고 가정하기보다 어떤 제도가 어떤 요인에 의해 어떤 방식으로 작동하는지 면밀하게 검토해야 한다.

자동차 엔지니어가 자동차 부품이 실제로 작동하는 방식을 고려하지 않고 자동차를 설계한다면, 우리는 그 사람을 신뢰할 수 없을 것이다. 엔지니어가 여러 부품의 결합과 작동방식,

---

* 우리가 추구하는 정치적 이상이 유토피아라면, 즉 우리가 상상할 수 있는 그 어떤 제도를 통해서도 제대로 구현하기 어려운 정치적 이상이 있다면, 그것이 단지 도덕적 관점에서 다른 것보다 상대적으로 낫다는 이유만으로 받아들이는 것이 합당한지 물을 수 있다.

연관성을 이해하지 못하고 있지만, 자신이 선보이는 자동차 설계도는 자동차의 이상을 담고 있다고 말한다고 하자. 이 엔지니어의 설계도에 따라 실제로 자동차를 만들면 손잡이 하나, 바퀴 하나같은 부분에는 문제가 없을지도 모른다. 그러나 전체적으로는 제대로 기능하는 자동차를 만들기 어렵다. 사실 롤스의 생각처럼, 어떤 제도든 그것이 소기의 목적을 잘 이룰 수 있다면 굳이 정의를 논할 필요가 없을지도 모른다.

법적 보장 문제의 측면에서도 이를 살펴보자. 과도한 보호무역정책이 필연적으로 경제성장 저하를 야기할 것이라는 점을 보장한다는 경제학자의 말과, 학업에 뒤처져 고등학교에 진학하지 못하는 학생이 한 명도 생기지 않도록 법으로 보장하겠다는 정부의 말에서 등장하는 보장의 의미는 다르다. 전자의 보장은 필연적으로 발생하는 어떤 것을 의미하고, 후자의 보장은 정부가 가용한 모든 수단을 동원해 어떤 목표를 이루겠다는 의지를 표현하는 용어이다. 그런데 정부가 어떤 목표를 법적으로 달성하겠다며 법적 보장에 대한 의지를 천명하는 것은, 오히려 종종 목적을 달성하는 데 지장을 초래하는 경우가 많다. 예를 들어, 정부가 모든 국민에게 100만 달러를 기본소득으로 보장한다면, 그 약속 자체가 아마도 목적을 달성하지 못하는 요인이 될 가능성이 크다. 그 같은 상황에서는 아무도 일하려 하지 않을 것이기 때문이다. 그리고 그 결과 기본소득을 충당할 재원을 조성하지 못할 가능성이 크기 때문이다.

현대 경제학자이자 정치학자인 마이클 멍거Michael Munger는 사람들이 제도에 관해 흔히 저지르는 실수를 패러디하는 사유 실험을 고안했다. "크고 귀여운 돼지" 콘테스트를 개최한다고 가정하자. 세상에는 큰 돼지도 많고 귀여운 돼지도 많을 것이지만 크고 귀여운 돼지는 아마 드물 것이다. 그런데 콘테스트에 참가한 돼지는 두 마리뿐이다. 아무튼 심사위원 한 명은 첫 번째 돼지를 한참 바라본 후 돼지가 너무 못생겼다며 그냥 두 번째 돼지에게 상을 주자고 한다. 물론 그렇게 하는 것은 잘못이다. 두 번째 돼지가 더 못생길 수 있기 때문이다. 심사를 하려면 당연히 모든 후보자를 봐야 한다. 너무나 당연해서 굳이 강조할 필요도 없어 보이지만 실상 많은 경제학자, 정치학자 그리고 철학자는 제도를 평가할 때 이와 유사한 잘못을 저지른다. 그들은 종종 현재 실행하고 있는 몇몇 제도의 추악함에 대해 불평을 늘어놓으면서 그것에 대한 대안을 제시한다. 그런데 이들이 제시하는 더 좋은 대안이라는 것은 그저 자신이 우호적으로 생각하는 제도일 뿐이다. 말할 것도 없이 이들이 대안으로 제시하는 제도가 현재 제도보다 더 나은지는

| 정치란 무엇이어야 하는가 |

따져봐야 아는 일이다. 많은 경우 대안이 더 추악할 수 있다.

진보적 자유주의자가 종종 저지르는 논증의 형태를 살펴보자.

1 · 시장은 종종 실패한다.[64]

2 · 우리는 정부를 통해 문제를 보정할 수 있다.

3 · 따라서 정부를 통해 시장의 실패를 보정해야 한다.

이 논증의 문제는 시장이 실패할 수 있는 것처럼 정부도 실패할 수 있다는 사실을 간과하고 있다는 것이다. 물론 정부가 정말 좋은 의도에서 잘 작동한다면 시장의 실패를 보정할 수 있을 것이다. 그러나 현실에 존재하는 정부가 그런 일을 할 수 있는지는 의문이다. 그렇게 주장하기 위해서는 현존하는 정부에 대해 잘 알아야 하고 정부가 소기의 성과를 낼 수 있는지 평가해야 한다. 사회과학 분야에서 정부의 간섭이 필요하다고 주장할 때 암묵적으로 전제하고 있는 것은 정부가 시장의 실패를 보정할 능력이 있으며 그렇게 할 선의를 지니고 있다는 것이다. 그러나 실재하는 정부가 얼마나 그런지는 의문이며 그에 따라 사실상 결과는 천양지차일 수 있다.

이 책은 정치철학 입문서이지 정치경제학 입문서는 아니다. 하지만 우리는 정치경제에 대해서 잘 알아야 한다. 어떤 제도가 어떻게 작동하는지 알지 못하면 어떤 제도를 선호해야 하는지를 판단할 수 없기 때문이다. 사려 깊은 사람이라면 시장의 실패와 정부의 실패, 시장의 성공과 정부의 성공을 잘 가늠할 수 있어야 한다.[65] 철학은 정치를 좀 더 명석하게 판단하는 데 도움이 될 수 있다. 그러나 철학은 또한, 우리가 몇 가지 기발한 아이디어만으로 세상의 모든 문제를 해결할 수 있을 것이라는 착각에 빠지게 만들 수도 있다. 정치철학에 더해 경제학, 정치학 그리고 사회학 등의 연관 분야를 배우고 익혀야 하는 이유도 여기에 있다.

| 정치란 무엇이어야 하는가 |

옮긴이 해제

『정치란 무엇이어야 하는가』는 정치철학의 주요 이슈를 자유, 평등, 국가 등의 개념을 중심으로 접근한 입문서이다. 저자 제이슨 브레넌은 현재 미국 조지타운 대학교의 석좌 교수로 재직 중이다. 그는 민주주의의 제도적 결함, 특히 선거와 투표에 대한 비판적 논의로 유명하다. 그에 따르면, 유권자 대다수는 투표를 하지 않는 것이 낫다. 투표를 제대로 하려면 상당한 시간과 노력이 필요한데 이를 견인할 만한 제도적 장치가 없기 때문이다. 브레넌은 정치철학자로는 드물게 자유지상주의를 지지한다. 그의 저서 『자유지상주의: 모두가 알아야 하는 사실들』Libertarianism: What Everyone Needs to Know *은

---

* 국내에서는 『자유주의: 당신이 알아야 할 105개 질문』(김행범, 홍수정 옮김, 해남, 2023)으로 출간되었다.

짧고 흥미로운 문답 방식을 통해 자유지상주의를 소개한 것으로 유명하다. 그러면 왜 하필 지금 브레넌의 책인가?

알다시피, 20세기 중반 이후 롤스로 대표되는 진보적 자유주의가 서구의 정치철학을 주도해왔다. 현실 정치에서는 여전히 진보와 보수가 서로 겨루며 정권을 주고받지만, 학계에서는 그렇지 못하다. 그 결과 정치철학 입문서 또한 진보적 자유주의의 관점에서 저술되는 경우가 대부분이다. 하지만 이 책은 그렇지 않다. 어떤 특정한 관점에 치우치지 않고 이슈를 다루고 있다. 혹여 자유지상주의적 관점에 경도된 방식으로 기술되지는 않았는지 우려하는 사람도 있겠지만 염려하지 않아도 된다. 독자들이 정치철학의 주요 이슈를 직접 맞닥뜨릴 수 있도록 가급적 전문적인 내용은 피하고 간결하고 분명하게 서술한 것도 이 책이 지닌 장점이다. 이제 정치철학이 생소한 독자들의 이해를 돕기 위해 정치철학의 목적, 성격, 과제 등에 대해 일별한 후 각 장의 핵심 주제와 연계해서 생각해볼 만한 문제를 소개하고자 한다. 우선 정치철학의 목적부터 생각해보자. 정치철학은 윤리학의 연장이다. "어떤 공동체를 이루고 살아야 하는가?"는 "어떻게 살아야 하는가?"라는 질문의 일부이기 때문이다. 물론 여기에서 "어떻게"는 정치경제적 관점이나 안보적 관점을 뜻하지 않는다. "경제적 풍요와 사회적 안정 외에 공동체가 추구해야 할 어떤 근본적인 가치가 있는가?"처럼 당위적 성격을 지닌 질문에 답하려는 것이 정치철학이다. 서론에서 브레넌이 정치철학을 "사회 제도에 대한 규범적 분석"이라고 말한 것도 유사한 의미로 이해할 수 있다. 그러나 학문의 목적이 학문의 성격을 결정하지는 않는다. 모든 학문에 대한 정의가 그렇듯이 정치철학 또한 "무엇에"에 더해 "어떻게"에 대한 답을 요구한다.

　윤리학의 학문적 성격에 대한 논의는 '메타윤리학'이나 '철학적 윤리학'이라고 부르는 분야에서 다룬다. 과연 도덕적 실재가 존재하는지, 존재한다면 어떤 방식으로 존재하는지, 과연 이성적인 논의를 통해 실재에 대한 지식을 확보할 수 있는지 등을 연구하는 분야이다. 메타윤리학의 관점에서 보면, 윤리학의 학문적 성격은 애매하다. 학문으로 볼 수 없다는 주장이 지배적이었던 때도 있었다. 어떤 것을 학문이라고 말하려면 그것의 탐구 대상이 경험적으로 검증 가능해야 하는데, 윤리학이 다루는 대상은 그렇지 않아 보이기 때문이다. 물론 여기에서 말하는 것은 사람들의 생각이나 믿음 너머에서 그것을 보증하는 어떤 객관적 근거이다. 일례로 우리 대다수가 "무고한 사람에게 고통을 주는 것은 나쁘다."라고 생각하지만, 과연 그렇게 생각하는 것이 맞는지, 맞다면 어떤 근거에서 그러한지 답하기는 쉽지 않다. 이에 더해 윤리학이 도덕적 실재에 대한 학문이라면 상당한 세월이 경과한 후에는 도덕적 문제에 대한 어떤 이견이 해소되는 지점이 있어야 하는데, 그런 기미가 전혀 보이지 않는다는 것도 윤리학을 학문으로 볼 수 있는지 의심하게 한다. 온갖 회의에도 불구하고 사람들이 과학을 객관적인 지식으로 받아들이는 이유 중 하나는 과학이 진리에 수렴하기 때문이다. 처음에는 온갖 종류의 아이디어, 가설, 이론이 있을 수 있지만 수많은 실험과 관찰, 가설과 검증 그리고 패러다임의 전환 등을 거치다 보면 대부분이 걸러지고 참일 개연성이 가장 큰 것만 남는 것이 과학이다. 물론 회의론자들은 이때 남은 것들도 한시적으로 지배적인 가설일 뿐이라고 주장할 수 있다. 하지만 윤리학에서는 이런 방식의 논의도 가능하지 않다. 과학과 달리 이견이 전혀 좁혀지지 않기 때문이다. 아니 좁힐 수 없기 때문이다. 생각이나 의견이 다양해서가 아니라 이들 중 어떤 것은 버리고 어떤 것은 취할 수 있게 하는 공통된 준거나 절차가 존재하지 않기 때문이다. 물론 이 모든 것의 원인은 도덕 판단에 있어 어떤 객관적인 근거가 존재하지 않거나 설령 있다고 해도 알 수 없다는 데 있다. 이 책의 1장에서 브레넌은 정치적 문제에 있어 합의에 이르지 못하는 가장 근본적인 이유가 사회제도를 평가할 수 있는 "기준"을 찾기 어려운 데 있다고 지적한다. 같은 말이다. 만약 그렇지 않다면, 아마 우리도 플라톤처럼 민주주의를 원하지 않았을 것이다. 민주주의를 옹호하기 위해서는, 즉 다수결 혹은 절충이나 타협을 전제한 의사결정 방법을 선호하기 위해서는, 플라톤과 달리 정치에는 절대적 진리가 있을 수 없거나 있다고 해도 결코 발견할 수 없다고 생각할 수 있어야 하기 때문이다.

윤리학의 학문적 성격이 정치철학에 함의하는 바는 무엇인가?

| 정치란 무엇이어야 하는가 |

왜 이런 얘기가 필요한가? 과거에는 더 심했지만 아직도 정치적 이념을 초월적 진리처럼 생각하는 사람들이 있기 때문이다. 사람들은 때로는 신의 섭리를 들어, 때로는 자연의 이치에 근거하여, 또 어떤 경우에는 시대의 정신에 호소함으로써 자신들이 믿고 따르는 믿음에 절대적 성격을 부여하려고 했다. 하지만 앞선 논의가 시사하듯이 어떤 정치적 이념이 절대적으로 옳다고 주장하기 어려운 것은 물론이고 그것이 잠정적으로 참이라고 주장하기도 부족하다. 과학과 달리 이렇다 할 검증을 받은 적도 없고, 제대로 된 비교 평가도 거친 적이 없기 때문이다. 설령 어떤 이념이 현재 특정 지역, 민족, 국가에 있어 지배적인 이데올로기로 작동한다고 해도 그것은 기껏해야 그 지역, 그 민족, 그 국가에 속한 사람 중 다수가 그렇게 생각한다는 것을 의미할 뿐이다.

그렇다면 정치에서 당위성을 논하는 것 자체가 불가능한 것은 아닌가? 반드시 그런 것은 아니다. 초월적, 객관적 혹은 절대적 근거가 있어야만 당위성을 논할 수 있는 것은 아니기 때문이다. 심미적 평가가 그렇듯이 윤리적 평가도 가능하다. 하지만 그 같은 평가가 어떤 성격인지 이해해야 한다. 이념적 판단은 우리들이 갖고 있는 정서, 태도, 판단 등에 근거해서 그리고 궁극적으로는 오로지 그것들에 근거해서만 평가할 수 있다. 물론 우리의 생각 중 제대로 된 것과 그렇지 않은 것을 가려내고 그중 제대로 된 생각을 평가해야 한다. 심미적, 예술적 평가 과정을 떠올리면 어렵지 않게 이해할 수 있다. 정치철학의 핵심 과제 중 하나는 정치와 관련해서 우리가 하는 판단을 "올바른 것"으로 여기게 하는 조건을 찾아내는 것이다. 한 가지 예를 들면, "이렇다 할 외압이 없고, 유관 정보에 대해 잘 알고 있어야 하며, 숙고의 과정을 거친" 것이어야 비로소 올바른 혹은 제대로 된 판단이라 할 수 있다. 물론 이것은 올바른 판단이 갖춰야 할 기본 요건에 지나지 않는다. 이 책에서 다루고 있는 주요 개념을 분석함으로써 우리는 추가적으로 충족해야 하는 조건에 어떤 것들이 있는지 생각할 기회를 갖게 될 것이다.

정치철학의 성격에 대한 논의에 한 마디 더 덧붙이자면, 철학은 본래 그 성격이 메타적이다. 개별 과학에서 당연시하는 가장 기본적인 개념이나 방법에 대해 탐구한다. 학문 분야의 명칭에 '철학'이라는 단어를 붙이면 곧 철학의 한 분야가 될 수 있는 것도 이 때문이다. 하지만 다른 분야와 달리 도덕에 대해서만큼은 철학이 과학의 역할도 함께 수행한다. 마치 과학에서 가공되지 않은 자료를 모으는 것처럼 도덕 현상과 관련된 온갖 정보를 수집하고, 분류하고, 조직하고, 체계화하는 일을 한다. 과학자처럼 가설도 세우고 나름대로 검증도 한다. 실험실에서 하는 것은 아니지만 "사유 실험"이라 불리는 것도 한다. 이 같은 작업을 통해 '공리의 법칙'이나 '정언명법'과 같은 운동의 법칙 비슷한 것을 찾아내려고 한다. 반드시 해야 하는 행동, 하지 말아야 하는 행동, 해도 되고 하지 않아도 되는 행동 등처럼 우리가 하는 행동에 등급을 매겨 도덕적 명령에 위계를 부여하기도 한다. 이와 같은 작업을 통틀어 '규범윤리학'이라 부른다. 그리고 규범윤리학의 이론을 현실 문제에 적용해서 잘잘못을 따지는 분야를 '실천윤리학'이라고 한다. 정치철학은 실천윤리학의 한 분야이다.

이 책의 2장 서두에서 브레넌은 롤스를 인용하여 사회를 "상호 간의 이익을 위한 협동체"로 규정하고, 정치철학의 목적이 사회제도의 기본 틀, 즉 "상호 협력의 조건"을 궁구하는 데 있다고 말한다. 왜 롤스는 사회를 그저 이익을 위한 협동체로 보았을까? 먼저 "이익"에 대한 이해가 필요하다. 이익, 즉 interest는 단지 돈 되는 것을 의미하는 것이 아니다. 이기적이라는 말과도 다르다. 본인이 중요하다고 생각하는 것이라고 이해하는 것이 맞다. 이를 감안하면, 브레넌이 본 사회는 사람들이 각자 자신이 원하는 것을 이루기 위해 모여 형성한 공동체이다. 물론 역사적으로 그렇다는 뜻은 아니다. 그렇게 가정한 상태에서 바람직한 공동체에 대해 논의하자는 뜻이다. 물론 세상에는 여전히 신권통치체제가 존재한다. 간혹 전제적 군주제도 접할 수 있다. 여전히 자신이 살고 있는 공동체를 "어떤 신적 존재가 그 뜻을 펼치기 위해 만들었다."라고 생각하거나 "어떤 역사적 사명을 이 땅에 구현하기 위해 등장했다."라고 생각하는 사람이 존재한다. 브레넌이나 롤스가 이들과 논의를 진행하는 것은 가능하지 않다. 논의를 시작하는 데 필요한 가장 기본적인 가정을 공유할 수 없기 때문이다. 개중에는 현대 자유 민주주의 국가 체제에서도 '국가'나 '동포'는 마치 어떤 초월적인 가치를 지닌 것처럼 작동하지 않는가라고 반문할 사람도 있을 것이다. 맞는 말이다. 하지만 이 경우 '국가'나 '동포'는 개별적인 국민 모두의 이익을 약칭하는 것으로 이해해야 한다. 많은 정치인이 혹시라도 생길 수 있는 오해를 줄이기 위해 이들 대신 '국익'이라는 개념을 사용하는 것도 이 때문이다.

사회를 상호 간의 이익을 위한 협동체로 이해하면 정치철학의 과제는 당연히 "상호 협력의 조건"을 따지는 문제로 귀착된다. 물론 도덕적, 당위적, 규범적 관점에서 보았을 때의 조건을 말한다. 정치학자 해롤드 라스웰Harold Lasswell은 이를 "누가 무엇을, 언제, 어떻게 누려야 하는가?"를 규정하는 문제로 한층 단도직입적으로 표현한다. 만약 정치철학이 바람직한 상호 협력의 조건을 당위적인 관점에서 조망하는 학문이라면, 어떻게 공부하는 것이 효과적인가? 전통적으로 세 가지 방식이 있다. 하나는 역사를 공부하는 것이다. 플라톤, 홉스, 루소, 헤겔 같은 철학자들이나 제자백가의 사상을 공부하는 것이다. 다른 하나는 자유주의, 사회주의, 민족주의 등의 정치적 이념을 공부하는 것이다. 세 번째는 정치사상과 이념의 근간을 이루는 기본 개념을 공부하는 것이다. 당연히 이들 셋은 배타적이지 않다. 보완적이다. 다 하면 좋다. 하지만 정치철학을 처음으로 접한다면 기본 개념을 공부하는 것이 상대적으로 빠르

| 정치란 무엇이어야 하는가 |

고 확실하다. 비유하자면 논리학 수업을 듣는 것과 유사하다. 기본 개념을 이해하면 정치적 발언이나 정치적 이념을 객관적으로 평가할 때 요긴하다. 비판적 사고 능력을 배가할 수 있기 때문이다. 물론 한계도 있다. 역사를 공부하는 방식에 비해 전체적인 통찰력을 얻는데 취약하고, 이념을 공부하는 것에 비해 전반적인 지형을 조망하기에는 부족하다.

정치철학에서 사용하는 기본 개념들, 예를 들어 자유, 평등, 박애와 같은 개념들은 길고 긴 오남용의 역사를 갖고 있다. 예전이나 지금이나 선동가들은 자신들의 이해관계에 따라, 대중의 입맛에 따라 혹은 그저 별다른 생각 없이 이런 용어를 남발한다. 오남용을 막는 유일한 방법은 '제대로' 사용하는 것이다. 하지만 생각보다 어렵다. 왜냐하면 다른 일상어와 마찬가지로 정치적 가치를 표현하는 개념들도 다의적이기 때문이다. 차이가 있다면 영향력이 큰 만큼 정치적 개념들은 더욱 그렇다는 것뿐이다. 그럼에도 불구하고 다행인 것은 각각의 개념들에 대해 몇 가지 전형적인 해석 방식이 있다는 것이다. 우리가 이 책을 통해 접하는 내용들도 대개 그 같이 전형적인 용례와 그것이 함축하는 바이다. 하지만 여기에도 단서가 있다. 이미 짐작하는 사람도 있겠지만, 이들 해석 중 어떤 것이 특별히 더 옳거나 중요하다고 볼 근거가 있을 수도 있다는 기대는 하지 않는 것이 좋다. 정치학자 갈리[W. B. Gallie]의 말을 빌리면, 이 개념들은 "본질적으로 그 의미에 대한 쟁론의 여지가 있는 개념들$^{essentially\ contested\ concepts}$"이기 때문이다.

여러 정치적 가치 중 이 책에서 집중하여 논의하는 개념은 권리, 자유, 재산권, 평등, 정의, 시민권, 정부, 사회 등이다. 해제에서는 편의상 이들을 "권리와 재산권", "자유와 시민권", "평등과 정의", "사회, 국가, 정부"로 묶어 본문을 이해하는 데 도움이 될 만한 배경지식과 곁들여 생각하면 좋을 만한 이슈에 대해 논의하고자 한다. 먼저 권리와 재산권에 대한 논의를 살펴보자. 2장에서 브레넌은 정의의 문제는 "어떻게 하면 권리와 의무를 공정하게 나눌까?"라는 문제와 다르지 않다고 말한다. 사전적인 의미에서 권리는 어떤 것을 요구하거나 주장할 수 있는 자격이다. 현실에서도 정치적 다툼은 주로 "누가 누구에게 무엇을 얼마나 요구할 수 있는가?"를 놓고 벌어진다. 하지만 다툼에는 일반인은 물론이고 대다수 정치인도 간과하는 철학적으로 의미심장한 이슈가 있다. 그것은 권리의 규범적 성격에 관한 문제이다.

브레넌은 2장에서 권리의 규범윤리학적 성격에 대한 전통적인 입장 두 가지를 소개한다. 하나는 공리주의적인 입장이다. 다른 하나는 의무론이다. 알다시피 공리주의와 의무론은 현대 윤리학을 지배하는 규범윤리학적 이론이다. 공리주의적 관점에서 보면, 윤리적으로 올바른 것은 가능한 한 대상들이 행복하게 살 수 있게 하는 것이다. 물론 "행복"이 무엇을 의미하는지, 누가 대상인지, 가능한 선택지에는 무엇이 있는지 잘 헤아려야 하지만, 윤리적인 행위는 궁극적으로 행복 혹은 복리 증진에 있다는 생각이다. 이에 비해 의무론은 윤리의 본질이 모든 행위자가 도덕적 의무에 따라 살도록 하는 데 있다고 본다. 여기에서 의무에 따라 산다는 것은 곧 보편적으로 타당한 도덕법칙에 준해 행위하는 것을 의미한다. 쉽게 알 수 있듯이, 권리의 규범윤리학적 성격에 대해 이 두 이론은 매우 상이한 해석을 내놓는다. 공리주의적 관점에서 볼 때, 권리는 전반적으로 좋은 결과, 즉 국민 대다수의 행복 증진에 긴요한 사회제도의 일환이다. 예를 들어, 생명권, 시민권 혹은 재산권과 같은 것을 잘 보존하고 관리하는 것이 효율적으로 국민의 행복과 번영을 증진하는 방법이라는 것이다. 의무론은 공리주의와 달리 권리의 사회적 효용에 초점을 맞추지 않는다. 이들의 관점에서 보면, 권리가 권리일 수 있는 것은 그것이 지닌 어떤 수단적 가치 때문이 아니다. 그냥 그렇게 하는 것이 옳기 때문이다. 행복이나 복리와 무관하거나 심지어 역행할 때도, 만약 마땅히 그래야 한다면 그것은 권리일 수 있다고 보는 것이다.

이 같은 논의가 정치철학과 무슨 상관인가? 정치 이념은 "누가 어떤 권리를 갖고 있는가?"에 대한 논의라고 볼 수 있다. 따라서 중요한 것은 "누가?"와 "무엇?"인 것처럼 보인다. 하지만 양자는 권리의 성격을 해석하는 방식에 따라 영향을 받는다. 공리주의가 옳다면 누가 어떤 권리를 갖는지가 상황에 따라 달라질 수 있지만, 의무론이 옳다면 권리의 주체와 내용은 보편타당한 법칙의 산물이므로 가변적이지 않다. 사실 어떤 규범윤리학 이론을 받아들이는가에 따라 이념과 사회제도 전반에 대한 이해 방식도 달라질 수 있다. 공리주의적 입장에서 볼 때, 사회제도는 예외 없이 그것이 지닌 실용적 가치에 의해 평가받아 마땅하다. 동일한 제도여도 시기와 장소에 따라 좋을 수도 나쁠 수도 있다. 이념 또한 그러하다. 자유주의이든 사회주의이든 혹은 민족주의이든 어떤 것이 다른 대안 못지않게 사람들을 행복하게 만들 수 있다면 도덕적으로 정당하다. 반면, 의무론적 입장을 택하면 이념은 물론이고 제도 역시 보편타당한 도덕법칙에 준해야 한다. 그리고 보편하고 타당한 만큼 시간과 장소에 구애받지 않고 옳다.

4장의 재산권에 대한 논의는 8장의 경제적 자유에 대한 논의와 연계해서 읽어보면 흥미롭다. 브레넌은 4장에서 사회제도로서 사유재산제도가 갖는 효용을 설명하고, 8장에서는 사유 재산권의 한계에 대한 찬반 논쟁을 각각 존 토마시와 사무엘 프리먼의 논증에 기초하여 설명한다. 슈미츠에 따르면, 사유재산제도는 대다수의 처지를 현격하게 향상시키기 때문에 바람직하며 "로크의 단서"에 따라 다른 사람의 처지를 사유화 이전에 비해 더 나쁘게 만들지 않는 한 도덕적으로도 정당하다. 실재에 있어서 사유화로 인해 일부가 한시적으로 피해를 볼 수 있어도 나머지 대다수가, 특히 미래에 존재할 불특정 다수가, 사유화 이전보다 훨씬 더 잘 살 수 있는 기회가 많아지기 때문에 정당하다는 주장이다. 여전히 사유재산제도와 사유재산권에 대한 논의가 중요한 정치철학적 이슈인 것은 맞지만 오늘날 우리가 고민하는 문제는 루소와 마르크스가 제기했던 문제와 많이 다르다. 사유재산제도 자체가 부도덕하다고 생각하거나 모든 문제의 원흉이라고 생각하는 사람은 거의 없다. 또한 생산수단에 대한 권리는 전적으로 국가가 갖고 있어야 한다고 생각하는 사람도 거의 존재하지 않는다. 하지만 이를 벗어나 사유재산권을 어느 정도까지 인정하는 것이 옳은지에는 아직도 이견이 많은 것이 사실이다. 롤스와 같은 진보주의자들은 대체로 사유재산권을 자기 소유의 재산을 마음대로 할 수 있는 권리로 이해해서는 안 된다고 생각한다. 특히 롤스가 "자본주의 경제적 자유"라고 부르는 권리를 마치 기본권처럼 생각하는 것은 부당하다는 입장이다. 말하자면 필요에 따라 상당 부분 제한할 수 있고, 제한해야 한다는 생각이다. 우리가 반드시 보호해야 한다고 생각하는 표현의 자유나 공정한 재판을 받은 권리와 달리 자본주의 경제 체제에서의 경제적 자유는 우리의 삶을 도덕적으로 가치 있게 영위하는데 필수불가결하지 않다고 보았기 때문이다. 이에 반해 존 토마시는 자본주의 체제에서의 경제적 자유 혹은 재산권도 롤스가 제시한 기본권의 요건을 충족하기 때문에 표현의 자유만큼이나 존중되어야 한다고 주장한다.

　과연 무엇을 왜 기본권으로 분류해야 하는가도 흥미로운 문제이고 자본주의 체제에서의 경제적 자유가 그에 부합하는가를 따지는 것도 중요한 정치철학적 이슈이다. 그러나 여기서는 기본권은 권리의 일종이라는 점과 앞서 논의한 권리의 규범윤리학적 성격을 연계하여 기본권을 해석할 수 있는 두 가지 방식에 대해 생각해보자. 공리주의적으로 생각하면, 기본권 역시 가변적일 수밖에 없다. 현재 어떤 것이 기본권으로 분류되고 있지 않더라도 상황에 따라 기본권이 될 수도 있다. 자본주의적 사유재산권이 기본권에 속해야 하는지를 결정하는 것은 그러한 방식으로 조직된 사회 시스템이 얼마나 사람들의 행복이나 복리에 기여하는가이다. 따라서 공리주의 입장에서 기본권 논쟁, 특히 자본주의 경제적 자유를 기본권으로 볼 것인가는 철학적으로는 더 논할 것이 없는 문제이다. 현 상황에서 어떻게 하는 것이 가장 효율적인지 사회과학적으로 판명해서 그에 따라 결정하면 그만이기 때문이다. 반면, 롤스처럼 의무론적 입장을 취하면 사유재산권의 기본권 귀속 여부는 단지 사회적 효용에 근거해 결정할 수 있는 것이 아니다. 그의 입장에서는 오직 좋은 삶과 공정한 삶, 즉 그 자체로 올바른 것에 필요할 때만 기본권으로서 존중받아 마땅하기 때문이다. 물론 자본주의 경제적 자유가 도덕적으로 가치 있는 삶에 얼마나 필수적인지 판단하기 위해서는 그 같은 자유가 있을 때와 없을 때를 비교 평가해야 하겠지만 롤스의 입장에 서면 공리주의적 입장을 취할 때보다 상대적으로 더 개념적이고 당위적인 분석에 의존할 수밖에 없다.

이제 자유와 시민권에 대해 생각해보자. 브레넌은 3장과 7장에서 이를 다룬다. 그는 3장에서 정치철학의 고전 이사야 벌린의 "자유의 두 개념"을 소개한다. 서양 정치철학에서 자유 개념은 고대 그리스와 로마 공화정의 시민이 누릴 수 있었던 당시로서는 매우 특별한 사회적 지위에서 유래했다. 특히 전제 군주의 강제로부터 자유로울 수 있는 법적 지위와 유산자로서 먹고살 걱정 없이 자기 계발과 성취에 집중할 수 있는 사회적 지위가 자유 개념의 근간이 되었다. 벌린은 강제나 억압으로부터의 자유를 "소극적으로 이해한 자유"로, 자신이 원하는 삶을 추구할 수 있는 역량으로서의 자유를 "적극적으로 이해한 자유"로 나눈 후 이 두 개념이 각각 후에 어떤 형태의 정치적 이념으로 발전하는지 설명한다. 그리고 역설적으로 후자에 기초한 사회주의적 이념이 자유, 특히 소극적으로 이해한 자유를 억압하는 기제로 작용하게 되었다고 비판한다.

벌린의 주장에도 불구하고 자유 개념을 둘러싼 논의를 자유 개념을 어떻게 해석하는 것이 옳은지 혹은 이들에 기초한 이념 중 어떤 것이 적합한지 논하는 문제로 이해하는 것은 바람직하지 못하다. 적극적으로 이해한 자유 개념이 벌린의 주장처럼 "오남용"되어 왔더라도 그 개념과 관련이 있는 정치적 이슈가 사라지는 것도, 인위적으로 억누를 수 있는 것도 아니기 때문이다. 더구나 자유의 개념을 어떻게 구분하든 가장 먼저 생각해야 하는 철학적인 문제는 "도대체 왜 자유를 소중하게 생각해야 하는가?"이다. 흔히 자유를 방종과 구분해서 정당화하려는 사람도 있지만 사회제도의 관점에서 볼 때 둘은 똑같다. 방종으로 흐르기 십상인 자유를 존중할 이유는 무엇인가? 소극적 의미로 이해한 자유에 비해 적극적 의미로 이해한 자유를 정당화하기 쉬워 보이는 것이 사실이다. 누구나 자신이 원하는 삶을 살 수 있는 역량을 갖기를 바랄 것이기 때문이다. 하지만 여기에도 대동소이한 비판이 있을 수 있다. 만약 자신이 원하는 삶이 다른 사람에게 해가 되는 것이어도 괜찮은가? 결국 자유를 그 자체로 가치를 갖는 어떤 것으로 여기기는 어려운 듯하다. 자유는 무엇인가 소중한 것을 이루기 위한 방편으로써의 가치를 지닌다고 보는 것이 합당하다. 물론 어떤 보다 더 중요한 방편이라는 주장에는 그리 어렵지 않게 동의할 수 있을 것이다. 이제 자유의 수단적 가치를 증대하려고 할 때 봉착할 수 있는 문제를 벌린의 구분에 따라 생각해보자.

현대 정치철학에서 "적극적 자유의 문제"라고 하면 계급 혹은 계층 간의 갈등 문제를 의미한다. 빈곤층이 적극적 의미의 자유를 누릴 수 있도록 하기 위해서는 그에 상응하는 비용을 누군가 지불할 수밖에 없는데 주로 부유층이 상대적으로 많은 비용을 떠안게 되기 때문이다. 적극적 자유를 둘러싼 문제는 복합적이다. 우선 과연 국가나 정부가 빈곤층이 적극적 의미의 자유를 누릴 수 있도록 할 도덕적 의무가 있는지 생각해야 한다. 물론 이는 일반론으로서 국가가 처한 다른 상황에 대한 고려는 잠시 보류하고 생각해보자는 것이다. 그리고 이어서 과연 부유층이 빈곤층의 적극적 자유를 신장하기 위해 상대적으로 많은 비용을 떠안는 것이 정당한지도 생각해 볼 일이다. 하지만 롤스 이래 이 같은 이슈들은 대체로 "적극적 자유의 문제"라고 불리기보다는 "사회정의문제"라고 여겨진다. 책에서는 이 문제를 주로 5장과 6장에서 다루고 있다. 따라서 이 문제는 평등과 정의에 대해 논할 때 본격적으로 다루기로 하고 여기서는 실행에 대한 문제에 국한해서 살펴보고자 한다. 빈곤층의 적극적 자유를 신장하는 것이 정당하고 또 그 비용의 상당 부분을 부유층이 부담하는 것에 문제가 없다고 가정할 때, 실행의 차원에서 발생할 수 있는 윤리적 문제는 무엇인가?

적극적 자유와 관련된 실행 차원의 문제는 크게 세 가지로 정리할 수 있다. 하나는 정책 의도와 정책효과 사이의 괴리로 인해 발생하는 문제이다. 브레넌은 3장에서 우리가 정치적 판단을 할 때 종종 간과하는 것 중 하나가 의도와 결과를 구분하지 않는 것이라고 지적한다. 뜻이 좋다고 해서 결과도 좋으란 법이 없다는 것은 누구나 알고 있다. 하지만 우리는 선거나 투표와 같은 정치적 판단을 할 때 종종 이를 간과하는 경향이 있다. 이는 일차적으로 해당 분야에 상당한 지식이 있지 않는 한 어떤 정책이 어떤 효과를 가져오는지 가늠하기 어렵다는 사실에 기인한다. 물론 정치인들이 표리부동한 행동을 하거나 부정부패를 일삼는 경우도 문제지만 어차피 그럴 수밖에 없다면 그 자체가 철학적 이슈일 수는 없다. 정책의 경우는 문제가 다르다. 예를 들어보자. 우리는 과연 현존하는 정책 제안 중 최저 임금을 얼마로 책정하는 것이 빈곤층의 적극적 자유 신장에 가장 효과적인지 알 수 있을까? 아마 전문가도 자신 하기 어려울 것이다. 현대 사회가 복잡한 만큼 정부 정책의 효과를 전망하는 일 또한 그럴 수밖에 없다. 솔직히 말하면, 누구도 확신 할 수 없다고 생각하는 편이 낫다. 그렇다면 의문이 들 수 있다. 과 연 적극적 자유를 신장한다는 명분을 앞세워 효과가 어떨지 모르 는 정책을 지지하는 것이 온당한가?

적극적 자유의 실행과 관련된 두 번째 문제는 마땅한 지원의 정 도 혹은 부담의 정도를 판단하는 것이다. "많으면 많을수록 좋은 것 아닌가?"라고 말할 수 있겠지만 적어도 윤리적으로 이는 쉬운 문제가 아니다. 친소정도와 도덕적 의무가 무관하지 않기 때문이 다. 우리는 흔히 가족에 대한 의무가 친지에 대한 의무에 우선한다 고 생각한다. 그리고 친지에 대한 의무는 여타 공동체 구성원에 우 선한다고 생각한다. 피터 싱어Peter Singer의 비유를 빌어 말하면, 의무 의 정도는 마치 동심원처럼 중심인 자기 자신에서 멀어질수록 약 해진다. 이때 본인과 다른 사람의 거리를 결정하는 요소 중 가장 중요한 것이 친소정도이다. 모든 사람에게 친절해야 하지만 모르 는 사람에게 베푸는 친절과 자신의 친구나 친지에게 베푸는 친절 이 같을 수는 없다. 그리고 그 어떤 친절도 자기 자신에 대한 것보 다 더 클 수는 없다. 이 문제와 관련된 다른 고려 요인은 한정적인

| 정치란 무엇이어야 하는가 |

자원이다. 누구도 자원을 무궁무진하게 갖고 있지 않다. 따라서 잘 배분해서 써야 한다. 이것이 일방적으로 베푸는 경우에 대해서도 잘잘못을 따질 수 있는 이유이다. 일례로 받을 자격이 없는 사람보다 있는 사람에게 덜 베풀면 잘못이다. 친소관계에 따른 의무의 정도 차이와 자원의 한정성을 감안할 때 우리는 빈곤층의 적극적 자유 신장을 위해 어느 정도 지출하는 것이 옳은 것일까? 분명한 것은 이 같은 질문에 답하기 위해서는 우리를 둘러싼 의무 동심원 전체를 포괄할 수 있는 '방정식'을 풀 수 있어야 한다는 사실이다. 물론 엄밀하지 않을지 몰라도 많은 사람이 개략적으로나마 이 같은 방정식에 대한 답을 갖고 있다. 하지만 정부도 그러한가? 과연 최저임금위원회와 같은 조직을 통해 국민들의 의무 방정식을 제대로 수렴해서 합당한 지원 정도를 정할 수 있을까?

적극적 자유의 실행과 관련된 세 번째 문제는 물질의 재분배만으로는 해결할 수 없는 사안에 대한 대응 방식이다. 빈곤층의 적극적 자유 신장을 위해 교육, 보건, 주택, 소득 등의 분야에서는 적어도 일차적으로는 물질적 재화를 재분배하는 방법을 통해 문제 해결을 시도할 수 있다. 하지만 자신이 원하는 삶을 추구하는 데 가장 큰 영향을 미치는 것은 '자존감' 혹은 '자의식'과 관련이 있는 심리적인 상태이다. 스스로를 폄하하거나 자존감이 낮은 사람은 아무리 물질적 여건이 개선된다고 해도 성취 동기를 갖기 어려울 뿐만 아니라 다른 사람들과의 관계에 있어서도 공정한 판단을 하기 쉽지 않다. 따라서 많은 경우 물질적 여건의 개선 못지않게 또는 그 이상으로 절실한 문제는 자존감 혹은 자긍심을 가질 수 있는 기반을 마련하는 것이다. 문제는 자존감이 교육, 보건, 주택, 소득 등과 달리 물질이나 재화의 재분배를 통해 얻기 어렵다는 데 있다. 지난 세기 미국을 중심으로 "차별 철폐 조치^{affirmative action}"나 "정치적 올바름 운동^{political correctness}"과 같은 각종 제도 · 문화 개선 정책이 부단히 시도되었으나 금세기 들어서는 세계 각국에서 그 같은 정책에 대한 반발이 커지고 있는 것도 목격할 수 있다. 물론 이런 반발을 그저 당리당략적인 것으로 해석하는 사람도 없지 않지만 그 근저에 전통과 통념 그리고 의식에 대한 공적 통제가 야기하는 공포가 있을 수도 있다는 점을 간과해서도 안 될 것이다. 그렇다면 빈곤층 자존감 증대 프로젝트는 생각하기에 따라서는 거의 현실성이 없는 사업일 수도 있다.

소극적 의미의 자유의 추진과 관련된 이슈는 주로 개인과 개인 혹은 개인과 조직 사이에서 발생하는 강제나 협박과 관련이 있다. 흔히 갑을 혹은 위력 관계라 지칭되는 학교, 회사, 군대, 정부 등에서 발생하는 소극적 자유의 침해가 언제, 어떻게 성립되는지를 규명하는 것이다. 협박의 전형적인 형태는 피해 당사자가 다른 선택할 수 없게 만듦으로써 발생한다. 즉 가해자가 원하는 방식을 따르는 것보다 따르지 않는 경우 매우 곤란한 상황에 처하게 될 수밖에 없을 때 협박이 성립한다. 따라서 단지 가해자의 지위가 높다거나 일방적인 막말 또는 명령만으로는 협박이라고 볼 수 없다. 반발할 수도 퇴사를 할 수도 내부자 고발을 할 수도 있기 때문이다. 물론 그로 인해 발생하는 불이익을 감수하는 것이 쉽다는 말은 아니다. 하지만 윤리적인 관점에서는 사람들이 일반적으로 싫어하거나 어려워하는 일과 도덕적으로 부당한 일을 동일시하는 것은 바람직하지 않다. 도덕의 문제가 호불호의 문제로 변질될 수 있기 때문이다. 정치철학 분야에서 소극적 자유의 침해를 논할 때 가장 먼저 주목받는 것은 국가 혹은 정부이다. 왜 직장 상사보다 정부가 더 갑질의 원흉이라고 생각할 수 있는지 생각해보자.

사회와 국가는 "개인 상호 간의 이익을 위한 협력체"이다. 따라서 협력을 저해하고 지장을 초래할 수 있는 행위들을 규제할 수 있다. 해를 끼치는 행위, 위험을 가져오는 행위 그리고 다른 사람들이 혐오해 마지않는 행위 등을 규제하는 것에 대해서는 아마 대다수가 이의를 제기하지 않을 것이다. 하지만 행위자 본인의 안녕과 복지를 위한 규제는 어떤가? 정부는 마약류는 물론이고 음주와 흡연도 당사자의 건강과 행복을 위해 규제한다. 정부가 타인에게 별다른 영향을 끼치지 않는 영역에 있어 개인의 행위를 규제하는 것은 건강과 안전에 그치지 않는다. 의료보험과 연금은 물론 보기에 따라서는 박물관이나 문화재에 대한 정부 지원도 사적인 문제에 대한 간섭 행위로 간주할 수 있다. 하지만 따지고 보면 정부가 강제하지 않아도 우리는 마치 옷이나 자동차, 주택을 구입하는 것처럼 각자의 사정에 맞는 보험과 연금 상품을 구매할 수 있다. 그럼에도 불구하고 정부가 사생활 혹은 사적인 판단에 관여하는 것이 정당한가? 그렇다면 왜 그러한가?

　정부가 개인의 사생활 혹은 사적 영역에 속한다고 생각되는 문제에 간섭하는 경우는 크게 두 가지로 나눌 수 있다. 하나는 국민 개개인이 잘못된 판단을 하거나 의지박약해서 일을 그르칠 위험이 상존할 때이다. 다른 하나는 미풍양속을 해치는 행위를 할 때이다. 두 경우 모두에 있어 정부는 부모나 어른의 입장을 자처한다. 국민 개개인의 판단을 신뢰하지 않기 때문이다. 정부의 규제를 찬성하는 사람들은 미풍양속의 순기능을 강조하고, 우리가 습관적으로 저지르고 후회하기를 반복하는 일이 얼마나 많은지 보여주려 한다. 반대하는 사람들은 애초에 정부가 부모나 동네 어른인 양하는 것 자체가 월권이라고 비판하면서 삼종지도와 칠거지악도 한때 미풍양속이었음을 상기시키려 노력한다. 짐작하겠지만 이같은 논쟁에 정해진 답은 없다. 최근에는 넛지, 즉 선택 설계를 통해 특정 방향으로 유도하되 궁극적으로는 개인의 판단에 맡겨야 한다는 주장, 구성원 대다수가 원하는 방식으로 큰 틀을 만들고 세부적으로는 예외를 포용할 수 있는 제도를 마련해야 한다는 주장 등이 주목을 받고 있다. 브레넌 또한 이 책의 7장에서 다양한 입장을 비교 분석하며 이런 이슈를 조망한다.

다음으로 평등과 정의에 대해 생각해보자. 자유 개념과 마찬가지로 평등 역시 근대 이후 대두된 정치적 가치이다. 적어도 만민평등의 관점에서 보면 그렇다. 근대 이후에도 실질적인 의미에서 평등이, 즉 단지 법적 평등이고 형식적인 평등이 아니라, 사회경제적 평등이 정치철학적 이슈로 등장한 것은 위계적 사회 질서 체제가 붕괴하고 부르주아가 지배계층으로 자리 잡고 난 후였다. 하지만 모든 사람이 사회경제적으로 다 똑같이 살아야 한다고 주장하는 사람은 지금도 그렇지만 과거에도 없었다. 그렇다면 평등이 지향하는 정치적 가치는 무엇인가? 오늘날 평등이 의미하는 정치적 이상은 두 가지로 나눌 수 있다. 하나는 꼬뮨주의, 즉 함께 만들고 함께 소비하고 함께 즐기는 소규모 생활 공동체이다. 다른 하나는 공정한 경쟁의 조건 혹은 균등한 기회가 보장되는 사회이다. 전자는 초기 신앙 공동체로부터 오늘의 대안 공동체에 이르기까지 이해타산을 넘어 서로 나누고 배려하는 공동체를 의미했고 20세기 초까지만 해도 "무정부주의자들"을 중심으로 지식인들 사이에 크게 유행했다. 하지만 이 같은 이상적 공동체에 대한 희구는 점차 국민국가체제가 공고히 되면서 현실성 없는 유토피아로 남게 되었다.

오늘날 평등이 제기하는 실질적인 이슈는 "기울어진 운동장"이나 "수저계급론"으로 대표되는 기회의 불균등이다. 하지만 기회 불균등을 부의 대물림이나 경제적 양극화와 동일시할 수는 없다.

정당하게 벌었다면 돈이 단지 많다고 해서 그 자체로 잘못되었다거나 자식에게 물려주면 안 된다고 주장할 근거를 찾기는 어렵기 때문이다. 반대로 부당하게 벌었다면 당연히 환수해야 하겠지만 그것은 기회 불균형의 문제가 아니다. 과오를 바로잡는 것이다. 결국 어떤 명칭으로 부르든 기회의 균등이 소득의 재분배와 같은 조치를 정당화하기 위해서는 불평등 자체가 도덕적으로 부당하다는 것을 보일 수 있어야 한다. 경제적 불평등의 부당성을 주장하는 사람들이 취하는 전략은 대체로 세 가지 유형으로 나눌 수 있다. 하나는 모든 것을 사회 탓으로 돌리는 것이다. 개인의 기여는 물론 책임도 사회에 전가하는 전략이다. 두 번째는 경제적 불평등으로 인해 발생할 수 있는 사회악 혹은 그에 따른 문제를 부각시키는 것이다. 예를 들면, 로마도 지나친 양극화에 기인한 사회 불안과 동요 때문에 멸망하게 되었다와 같은 주장이 이에 해당한다. 세 번째는 지나친 경제적 불평등을 야기하는 사회제도는 그 자체가 정의롭지 않다는 것을 보여주는 전략이다. 롤스가 그의 『정의론』에서 채택한 전략은 세 번째에 가깝다.

브레넌은 5장과 6장에서 롤스의 전략을 설명하고 이에 대해 제기되어온 문제를 하이에크와 노직을 들어 설명한다. 세 가지 전략 중 유독 롤스에 집중한 이유는 무엇인가? 이미 첫 번째와 두 번째 전략은 실패했기 때문이다. 먼저 첫 번째 전략, 즉 어떤 경제적 성과에 대해 개인보다는 사회에 그 원인이 있음을 보임으로써 경제적 불평등의 부당성을 입장하려는 전략에 대해 생각해보자. 이 같은 전략의 문제는 무엇인가? 과장하면, 빈대 잡으려다 초가삼간 태울 위험이 큰 전략이다. 중요한 것은 개인이 아니라 사회라는 입장에 따르면, 경제적 부가가치는 개인이 아니라 사회 시스템에 기인하는 바가 크다. 더구나 개인의 능력과 자질은 도덕적으로 우연적인 요소들, 즉 운에 따른 것이다. 따라서 굳이 창출된 가치에 대한 자격을 논한다면, 개인이 아닌 사회를 택해야 한다는 것이다. 하지만 이 같은 주장은 우리가 윤리와 관련해서 갖고 있는 가장 원초적인 믿음 중 하나인 행위와 무위의 구분을 무색하게 만든다. 만약 어떤 것도 스스로 이룬 것, 즉 행위라고 볼 수 없다면 어떤 것에 대한 자격이나 권리를 주장할 수도 없지만, 대신 그 어떤 책임 또한 물을 수 없게 된다. 부자에게 자신이 번 돈에 대한 자격이 없다고 말할 수 있으려면, 범죄자에게 그가 지은 죄에 대한 책임이 없다고도 말할 수 있어야 한다. 결과적으로 행위의 잘잘못, 옳고 그름을 따지는 일 자체가 무의미해진다. 하지만 이는 누가 보더라도 얻는 것에 비해 지불하는 비용이 지나치게 커 보이는 전략이다.

두 번째 전략은 불평등과 양극화가 가져오는 사회적 문제를 부각시키는 것이다. 앞으로 다가올 문제를 생각하면 미리 대책을 강구하지 않을 수 없는데 불평등 해소가 바로 그 같은 대책이라는 주장이다. 이 전략에서 눈에 띄는 첫 번째 문제는 불평등과 양극화의 정도에 따라 대책이 다를 수 있다는 사실에 있다. 만약 사회적 동요가 정말 심각한 문제가 아니라면 어느 정도의 불평등과 양극화는 오히려 용인 가능하다는 말이 될 수도 있기 때문이다. 누군가 신묘한 방법을 통해 양극화로 인해 발생할 수 있는 사회 불안을 통제할 수 있고 그로 인해 전체적인 부가 늘어난다면 심지어 불평등의 정도가 커지는 것도 용인 가능하다. 이 전략의 또 다른 문제는 설사 불평등이 실제로 사회 불안을 야기한다 해도 그에 대한 공정한 해법이 있을 것 같지 않다는 데 있다. 사회 불안은 모두에게 해가 되지만 이를 해소하는 데 드는 비용을 기꺼이 부담하려는 사람은 많지 않을 것이다. 따라서 이 같은 전략이 성공하기 위해서는 불평등으로 인한 사회 불안이 사실이어야 하고 불안 해소 비용에 대한 사람들의 합의가 있어야 한다. 그렇지 못하다면 강제로라도 분담체제를 구축할 수 있어야 한다. 하지만 양자 모두 성공할 가능성이 크지 않다. 왜냐하면 전략의 성격으로 보아 수익비례부담원칙 외에는 합당한 기준이 없는데 사회 안정으로부터 누가 얼마나 수익을 얻는지 알 수 없기 때문이다. 기후변화문제가 심각한 지경에 이르렀다는 공감대에도 불구하고 어떤 나라가 어떤 조치를 취해야 하는가에 대한 국제협약을 맺지 못하고 있는 현실도 이처럼 "위험 대 대비" 전략이 봉착할 수 있는 어려움을 보여준다.

이제 롤스의 전략, 즉 경제적 불평등은 그 자체가 부당하다는 주장에 대해 생각해보자. 롤스는 먼저 단지 평등 그 자체를 지향하는 사회를 자신이 옹호하고자 하는 "공정사회"와 구분하고 전자

| 정치란 무엇이어야 하는가 |

를 비판한다. 공정사회는 그가 "최소수혜자"라고 부르는 취약계층의 복리 증진을 그 무엇보다 우선시하는 "차등의 원칙"을 따르는 사회이다. 자유에 대한 논의와 연계해서 생각하면, 빈곤층의 적극적 자유를 신장해야 한다는 입장이 제대로 반영된 사회이다. 롤스가 공정사회가 전통적인 평등주의자들이 지지하는 사회보다 나은 대안이라고 생각하는 이유는 평등사회가 무엇보다 생산성을 크게 감소시키기 때문이다. 모두가 가난하면 평등할 수는 있지만 그것을 바람직하다고 생각하기는 어렵다. 롤스가 공정사회를 옹호하는 방식은 매우 정교하고 치밀하며 체계적이다. 사실 지나칠 정도로 그러하다. 따라서 몇 마디로 설명하기 어렵다. 대신 그의 논증을 통해 엿볼 수 있는 몇 가지 특징을 생각해보자. 롤스는 우선 개인과 사회에 대한 가장 기본적인 가정을 하는데 이는 적어도 서구 유럽에 사는 사람이라면 어렵지 않게 받아들일 만한 것이라고 할 수 있다. 앞에서 본 사회에 대한 규정, 사회는 상호 간의 이익을 위한 협동체라는 가정이다. 만약 이 가정을 받아들인다면, 윤리적으로 올바른 일은 자연히 합당한 사회적 협력의 조건을 찾아 이를 준수하는 것이 된다. 여기까지는 전통적인 사회계약론자들의 논증 방식과 크게 다르지 않다.

롤스의 논변의 특징은 사회적 협력의 조건을 정하기 전에, 즉 가상의 사회계약을 체결하기 전에 우리 각자가 자신에게 가장 이익이 되는 사회 체제가 어떤 것인지 판단할 수 있는 방법을 제시한다는 것이다. 그것이 바로 그가 "무지의 베일"이라고 부른 합리적인 판단의 준거이다. 무지의 베일은 우리가 "공평무사한 판단"이라고 말할 때 떠올리는 것, 즉 본인의 판단에 영향을 끼칠 수 있는 요인이 공정하게 판단하는 데 지장을 주지 않도록 차단한 상태를 상징한다. 롤스는 이를 자신의 처지에 대해, 성별과 나이, 사회적 지위, 가치관 등에 대해 알지 못하는 상태로 묘사한 것뿐이다. 왜 자신의 처지를 감안한 판단을 배제해야 한다고 생각하는가? 그렇지 않다면 사회계약이 이루어질 수 없다고 보았기 때문이다. 홉스와 로크는 이런 가정 없이도 사회계약이 가능하다고 생각했지만 그렇게 주장하기 위해서는 사회계약 이전의 상황, 즉 그들이 "자연상태"라고 부른 가상적 상황에 대해 설득력이 떨어지는 가정을 할 수밖에 없었다. 홉스는 자연상태에서는 사람들이 극심한 공포에 떨 수밖에 없기 때문에, 로크는 사람들이 각자 처지가 달라도 "너희는 생육하고 번성하라."는 하나님의 명령에 따라 사회계약을 맺을 수 있다고 보았다.

롤스에 따르면, 무지의 베일을 쓴 사람이, 즉 자신의 처지에 대해 전혀 알지 못하는 사람이, 자신에게 가장 유리한 사회 체제를 선택한다면, 그것은 자신이 처할 수 있는 최악의 상태에서도 인간답게 살 수 있을 정도로 "기본적인 필요"가 충족 가능한 사회일 수밖에 없다. 물론 "차등의 원칙" 외에도 바람직한 사회가 좇아야 하는 원칙이 있다. 각자 자신이 원하는 삶을 살 수 있도록 가급적 광

| 정치란 무엇이어야 하는가 |

범위한 기본권, 예를 들면, 표현의 자유나 종교의 자유 등이 허용되어야 하며 공정하게 경쟁할 수 있는 취업과 입학의 기회도 주어져야 한다. 하지만 경제적 불평등의 관점에서 볼 때, 롤스의 정의론에서 가장 특징적인 것은 차등의 원칙이다. 그리고 그것은 우리가 상상할 수 있는 최악의 상태에 처하게 되었을 때 우리가 누리기를 원하는 제법 괜찮은 상태에 있을 수 있도록 해야 한다고 주장한다. 롤스는 자신의 논증이 불확실한 상황에서 취할 수 있는 합리적 선택의 일종인 "최소극대화^{maximin}"에 기초하고 있다고 말한다. 하지만 누구나 최소극대화에 동의하는 것은 아니다.

롤스에 대한 비판은 크게 두 가지 유형으로 나눌 수 있다. 하나는 내부적 비판이다. 즉 롤스와 같은 방식으로 정의의 문제를 이해하지만 그가 의존하고 있는 "최소극대화"에 동의하지 않는 사람들이 하는 비판이다. 이들은 불평등이 일종의 정의, 즉 "사회정의 문제"라고 보고 이를 논의하기 위해서는 롤스 식의 계약론적 논증이 필요하다는 데 대체로 동의한다. 하지만 그가 내린 결론에는 동의하지 않는다. 이들은 각기 롤스의 "정의의 원칙"을 대체할 수 있는 자기 나름의 대안을 제시하려고 한다. 이러한 내적 비판은 주로 롤스와 유사한 진보적인 정치철학자들, 예를 들면 브레넌이 5장 말미에서 거론한 G. A. 코헨이나 로날드 드워킨과 같은 이들이 대표한다. 롤스 비판의 다른 유형, 즉 외부적 비판은 불평등을 정의의 문제로 인식하는 것 자체가 잘못되었다고 비판하는 부류이다. 이들에게 있어 불평등은 바람직하지 않은 일일 수는 있어도 부당하거나 시정해야 하는 문제가 아니다. 날씨가 좋기를 기대했는데 비가 온다고 해서 하늘을 원망할 수 없다고 보는 것이다. 이 같은 비판을 대표하는 것은 보수적인 정치철학자라고 할 수 있는 하이에크와 노직이다. 이들에 따르면, 정의란 본래 원상태로의 복원을 의미한다. 정의를 논하려면 현상$^{status\ quo}$에 변화를 야기하는 어떤 행위, 즉 수혜든 피해든 어떤 영향을 끼친 행위가 있은 이후 그에 따른 보상 행위가 있고 그 다음에나 비로소 공정, 부정을 따질 수 있다는 지적이다. 여기에서 한가지 유의할 점은 이들이 비판하는 것은 불평등이나 양극화를 완화하려는 노력 그 자체가 아니라 이를 일종의 정의 문제로 본다는 것이다. 특히 노직은 롤스와 같은 정도는 아닐지 몰라도 불평등이나 양극화를 해소하려는 노력이 그 자체로 잘못되었다고 생각하지 않는다. 다만 불평등이나 양극화가 그 자체로 마치 나쁜 행위나 부당한 시스템으로 인해 야기된 것처럼 생각하게 만드는 것은 잘못이라고 보는 것이다.

현대 정치철학에서 평등의 문제는 곧 공정경쟁의 조건에 대한 문제이다. 그리고 롤스에 대한 논의에서 볼 수 있듯이 이에 대해서는 보수와 진보를 대변하는 다양한 철학적 이론이 각축을 벌이고 있다. 하지만 현실적인 함의에 있어서는 어느 정도 공감대가 형성되어 있다고 보아도 무방하다. 온도의 차이는 있어도 대다수가 빈곤층이 인간다운 삶을 살 수 있는 여건을 마련해주어야 한다는 데

| 정치란 무엇이어야 하는가 |

이견이 없기 때문이다. 하지만 이와 달리 현실 정치에서는 물론이고 이론적으로도 여전히 큰 이견을 보이는 이슈가 있다. 그것은 지나친 소득의 차이 혹은 사회경제적 차이를 줄여야 하는 당위성에 대한 것이다. 어떤 이는 지나친 양극화가 빈곤층의 복리 향상을 저해한다고 주장한다. 하지만 그와 상반된 입장을 주장하는 사람도 만만찮다. 소득 격차를 줄이는 정책이 종종 빈곤층의 처지 개선에 들어갈 재원을 차상위계층에서 중산층에 이르기까지 광범위한 중간계층을 위해 쓰게 만든다는 주장이다. 과연 어떤 정책이 어떤 정책효과를 가져오는지 진단하는 일은 매우 어렵다. 하지만 그것과 별개로 과연 소득 격차 그 자체가 바람직하지 않은지 논할 수도 있다. 혹은 범위를 넓혀 과연 사회 경제적 지위의 격차 그 자체가 바람직하지 않은지 논할 수도 있다. 당연히 그렇다는 의견도 있고 그렇지 않다는 의견도 있지만 빈곤층의 여건 향상에 대한 의견과 달리 이 문제에 있어 어떤 학술적, 사회적 합의가 있다고 보기는 힘들다.

다음으로 정부와 국가 그리고 사회에 대해 생각해보자. 정부와 관련된 문제 중 핵심적인 것은 정부의 역할과 기능에 관한 것이다. 정부가 해야 마땅한 일과 그렇지 않은 일을 구분하는 것이다. 국가와 관련된 핵심 이슈 중 하나는 국가의 성격에 관한 것이다. 국가를 단지 상호 이익을 위한 공동체로 여겨야 하는가? 아니면 우리 각자의 삶을 의미 있는 것으로 만들 수 있는 어떤 "위대한" 것으로 여겨야 하는가? 국가 관련 두 번째 이슈는 민족주의이다. 과연 도덕적으로 정당화 가능한 민족주의가 있는가? 있다면 어떠해야 하는가? 끝으로 사회와 관련된 핵심 이슈는 사회 규범이나 법에 대한 우리들의 의무에 관한 것이다. 악법도 법인가? 나의 이익에 반할 때도 법을 준수할 의무가 있는가? 있다면 언제 그러한가? 이들 주제를 순서를 바꿔서 하나씩 살펴보자.

브레넌은 9장에서 정치철학에서 "정치적 책무의 문제"라고 부르는 문제에 대해 홉스의 사회계약론, 공공재에 입각한 공리주의적 논증, 묵시적 동의에 착안한 플라톤과 로크의 논증 등을 소개한다. "정치적 책무의 문제"란 쉽게 말해 "법이 단지 법이기 때문에 준수할 도덕적 의무가 있는가?"라는 문제이다. 브레넌이 소개한 논증들은 이 같은 질문에 대해 그렇다고 말할 수 있는 다양한 근거이다. 하지만 이 근거들은 충분해 보이지 않는다. 왜 그럴까? 먼저 정치철학적 관점에서 사회, 국가 그리고 정부는 어떤 것인지 다시 한번 생각해보자.

사회에 대한 롤스의 규정을 상기하면, 사회는 구성원 각자가 자신의 이익을 추구하는데 유리한 협력의 조건을 찾을 수 있는 경우에 한해 그것이 가능한 사람들로 구성된다. 하지만 제각각 자신이 원하는 때에 원하는 방식으로 협력할 수 있는 공동체는 존재하지 않는다. 그렇기에 "사회계약"은 향후 어떤 일을 어떤 절차에 따

| 정치란 무엇이어야 하는가 |

라 결정할 것인가에 대한 장기적이고 포괄적인 약속일 수밖에 없다. 우리가 궁극적으로는 자신의 이익을 위해 참여하는 것임에도 불구하고 기꺼이 사회를 운영하기 위해 만든 체제라 할 수 있는 국가와 그 국가를 경영하는 기구인 정부가 만든 룰에 따르는 것도 이때문이다. 소크라테스가 부당하다고 생각하면서도 자신에게 내려진 형벌에 순순히 복종한 것 또한 같은 맥락으로 이해할 수 있다. 하지만 반론도 만만치 않다. 소크라테스와 같이 회피할 수도 있었던 죽음을 감수하는 행위는 자기 보존에 역행하는 행위이기 때문이다. 물론 소크라테스의 희생이 다른 사람들에게 귀감이 되었다고 칭찬하는 사람도 없지 않다. 하지만 이는 누군가 자신의 삶을 포기하면서까지 공익을 위하는 것이 바람직하다고 가정할 수 있을 때에만 타당한 주장이다. 따라서 논점선취의 오류를 범하고 있다고 볼 수 있다. 홉스에 따르면, 대부분의 경우 사회규범과 법은 준수해야 할 도덕적 의무가 있다. 그러나 사회계약을 체결하고 사회 규범을 준수하겠다고 맹세했더라도 자신에게 치명적인 위해가 되는 행위를 자발적으로 수행할 의무는 없다. 누군가 살인을 저질러 경찰에 쫓기고 있다고 상상해보자. 잡힐 경우 그는 사형을 당할 수도 있다. 우리는 그에게 자수하거나 도주하지 않을 도덕적 의무가 있다고 말할 수 있는가? 심지어 그의 부모님에게도 그를 당국에 고발할 도덕적 의무가 있다고 말하기 어려운 것이 사실 아닌가?

하지만 홉스는 물론이고 정치철학자들 대다수가 어떤 법이든 자신에게 유리하지 않다면 준수할 도덕적 의무가 없다고 생각하는 것은 아니다. 먼저 그 자체로 도덕적인 명령, 예를 들어 "남에게 해를 끼치지 말아야 한다."와 같은 명령을 실정법이 반영하고 있다면 우리는 이를 준수할 의무가 있다. 적어도 사회나 국가 이전에 도덕이 존재할 수 있거나 사회계약 혹은 약속이 도덕적으로 구속력을 지닌다고 생각하는 한에는 그렇다. 이에 더해 국가가 제 기능을 수행하는데 필요한 법 또한 준수할 의무가 있다고 주장할 수 있다. 비록 가상이지만 자발적으로 사회의 일원이 되기로 결심하고 국가의 설립에 동참했다면 그것은 국가의 존속이 자신의 장기적인 이익에 부합한다고 판단했기 때문이다. 따라서 사회의 일원으로 살면서 국가의 존속을 위협할 수 있는 행동을 하는 것은 자기모순이다. 소크라테스가 자신의 행동을 합리화하기 위해 전개했던 논증이 바로 이것이다. 하지만 앞에서 보았듯이 국가가 제정한 모든 법규가 국가의 존속과 관련이 있는 것은 아니다.

정치적 책무의 문제는 사회와 국가 그리고 정부에 대한 근본적인 반성을 요구한다. 우리에게 사회는 어떤 존재인가? 국가와 정부는 어떻게 이해해야 하는가? 근대 이전 대다수 사람은 자신이 태어난 곳에서 평생을 살 수밖에 없었다. 그들에게는 국가가 마치 "운명공동체"인 것처럼 여겨졌다. 하지만 이제는 사정이 달라졌다. 많은 사람이 마음만 먹으면 국적을 바꿀 수 있게 되었다. 그 결

| 정치란 무엇이어야 하는가 |

과 예전에는 학자들이나 관심을 가질 만한 문제였던 정치적 책무의 문제가 현실적인 문제가 되었다. 물론 우리 대다수는 도덕적 의무가 있든지 그렇지 않든지 현행법을 준수하려고 한다. 범법, 탈법, 위법 시에는 상당한 대가를 치러야 하기 때문이다. 하지만 그것이 우리가 살고 있는 공동체를 어떻게 생각해야 하는지를 말해주는 것은 아니다. 어쩌면 이 같은 물음에 대한 답은 정치적 책무보다는 전통적인 정치적 가치 중 하나인 박애에서 찾는 것이 더 나을지도 모른다.

박애는 공동체 구성원이 서로에 대해 가질 수 있는 덕목 중 하나이다. 프랑스 혁명의 기치인 자유, 평등, 박애 중 가장 덜 알려졌고 가장 많이 오해받는 개념이 박애이다. 우선 박애는 글자 자체의 의미와 달리 보편적 사랑을 의미하지 않는다. 처음에는 뜻을 같이하는 동지에 대한 사랑을 의미하다가 나중에는 같은 계급에 속하는 사람들에 대해 느끼는 연대감이나 의무감으로 의미가 변한다. 하지만 오늘날에는 주로 같은 국가의 국민에 대해 느끼는 특별한 관심과 배려 그리고 책임감을 의미한다. 철학적인 관점에서 박애는 두 가지 서로 유사하지만 조금은 다른 이슈로 나누어 생각할 수 있다. 하나는 마이클 샌들이 대표하는 공화주의적 정서이다. 덕목으로써의 박애의 뿌리는 고대 그리스의 폴리스와 로마 공화정에서의 시민적 참여에서 그 원형을 찾을 수 있다. 아리스토텔레스에 따르면, 바람직한 인생을 사는 데 있어 정치적 참여는 필수적이다.

학문적 사색과 우정도 필요하지만, 폴리스에서 남들과 어깨를 나란히 하고 공동체를 일궈나가는 것 역시 가치 있는 삶에서 빠질 수 없는 요소라고 본 것이다. 물론 고대 그리스에서의 정치적 참여는 오늘날의 대의 민주주의 체제에서 정치적인 활동을 하는 것과 그 내용도 의미도 다를 수 있다. 그럼에도 불구하고 아리스토텔레스의 주장은 여전히 유효하다. 공동체의 일원으로서 다른 사람들과 함께 더불어 사는 공동체를 만들어가는 행위 자체에 적지 않은 도덕적 가치를 둘 수도 있어 보이기 때문이다.

공화주의적 정서와 구분되는 정서는 마치 공동체를 시장처럼 생각하는 것이다. 이처럼 사회를 서로가 이익을 주고받는 거래의 장소로 이해할 때, 국가는 공정한 거래가 이루어질 수 있는 만큼 질서를 유지할 수 있다면 그것으로 족하다. 사회를 시장처럼 생각한다고 해서 모두 서로에게 냉랭하게 대한다고 생각할 필요는 없다. 서로를 돌보고 필요하다면 희생할 수도 있다. 다만 사적 영역과 공적 영역을 넘나들며 서로 간섭하는 것을 허용하지 않을 뿐이다. 공화주의자들이 그리는 사회가 반드시 오지랖 넓은 사람들로 넘쳐날 것이라고 생각할 수는 없지만, 사회를 시장처럼 혹은 상호 이익을 위한 모임처럼 생각하는 사람에 비해서는 비 상업적 사회 활동에 큰 가치를 두는 곳이라 생각해도 잘못은 아닐 것이다. 좋아 보이는 만큼 위험도 크다. 특히 어떻게 해야 정실주의^{cronism}에 빠지지 않을 수 있는지 고민할 수밖에 없다. 순응주의 또한 공화주의

| 정치란 무엇이어야 하는가 |

사회가 맞닥뜨릴 수 있는 전형적인 위험 중 하나이다. 더불어 사는 것이 지나치면 자신과 생각이 다른 사람을 관용하는 것을 넘어 그 사람의 생각에 동조해야 할 것 같은 사회적 압력을 느낄 수밖에 없기 때문이다.

　박애의 다른 측면은 특정 집단에 대한 충성심 혹은 편애에서 찾을 수 있다. 브레넌은 10장에서 민족주의, 범세계주의 그리고 향토주의를 비교 분석한다. 민족주의는 자국민에 대해 특별한 애정을 갖고 우대해야 한다는 생각이다. 범세계주의는 국가나 민족을 넘어 모두를 대등하게 상대해야 한다는 입장이다. 그리고 향토주의는 양자의 절충으로 이해할 수 있다. 적극적 자유에 대한 논의에서 볼 수 있듯이 우리의 도덕적 판단에서 가장 큰 축을 이루는 것 중 하나가 친소관계이다. 단지 가족이나 아는 사람을 잘 대우해야 한다는 뜻이 아니다. 자기 자신을 각별하게 생각하고 아끼는 것도 친소관계에 기초한 판단이기 때문이다. 낳아주고 길러준 부모님에 대해 특별한 애정과 의무감을 갖는 것, 오랫동안 알고 지낸 사람들을 남다르게 아끼는 것이 도덕적으로 정당하다면 같은 공동체의 구성원에 대해 남다른 감정과 의무감을 느끼는 것 또한 그 자체로 도덕적으로 부당한 일이라 평가하기는 어렵다. 이런 측면에서 보면 국가와 민족을 도덕적인 면에서 별다른 비중을 차지할 수 없는 요소로 보는 범세계주의는 일견 우리가 가진 원초적인 도덕적 감수성을 담아내지 못한다.

하지만 모든 형태의 민족애나 충성심이 정당한 것은 아니다. 명백하게 도덕적으로 부당한 결과를 초래한다면 자기 자신, 가족, 친지, 민족 중 어떤 것에 대한 편애도 인정받을 수 없을 것이다. 그렇다면 철학적으로 문제가 되는 것은 언제 어떤 경우에 자신을 포함해서 자신과 가까운 사람에 대한 어느 정도의 우대 행위가 정당할수 있는가를 밝히는 것이다. 예를 들어 생각해보자. 피터 싱어에 따르면 미국과 같이 부유한 국가의 중상류층은 소득의 30% 이상을 저소득 국가의 빈민층을 위해 기부해야 할 의무가 있다. 이 주장은 두 가지 면에서 두드러진다. 하나는 기부 액수가 대다수가 생각하는 것보다 훨씬 많다는 점이다. 싱어에 따르면, 기부로 인해 괴롭다고 느끼기 전까지는 기부하는 것이 옳다. 기부액에 대한 싱어의 기준이 설득력을 가지려면 철저하게 쾌락공리주의적으로 생각해야 한다. 하지만 이와 별개로 사람들이 싱어를 불편하게 생각하는 이유가 있다. 그의 범세계주의적 태도이다. 싱어에 따르면, 미국 사람이더라도 미국 내부의 빈곤층이 아니라 저개발국가의 빈민층을 먼저 도와야 한다. 더 고통받고 더 절실하게 도움이 필요하기 때문이다. 만약 그의 범세계주의가 옳다면, 조국과 민족에 대한 충성심은 실질적 무게를 가질 수 없어 보다. 만약 조국과 민족을 위하는 행동이 도덕적이지 못하다면 용인할 수 없을 것이고, 그렇지 않다면 기껏해야 축구 경기에서 자국팀을 응원하는 것에 그칠 것이기 때문이다. 우리가 그토록 당연시해왔던 충효의 충이 겨

| 정치란 무엇이어야 하는가 |

우 이 정도일 수밖에 없는가? 연대와 유대의 박애를 새로운 정치적 가치로 다시 생각할 수밖에 없는 이유가 여기에 있다. 한편으로는 친소관계에 기초한 도덕감을 긍정적 기운으로 만드는 동시에 다른 한편으로는 그로 인해 도덕적으로 무리한 일을 하지 않을 수 있는 경계를 찾는 작업의 단초가 될 수 있기 때문이다.

브레넌은 이 책의 마지막 장인 11장에서 정부의 역할과 기능에 대해 논의한다. "가난은 나라님도 구제하지 못한다."라는 옛말이 있지만, 요즘에는 거꾸로 정부 탓으로 돌리지 않는 사회적 문제를 찾아보기 어렵게 되었다. 앞에서 보았듯이 정부는 국가를 경영하는 기구이다. 회사에 비유하면 주주가 사회, 이사회는 국가, 임직원이 정부이다. 따라서 정부의 역할은 목적과 효율이 결정한다. 먼저 정부가 나서는 것이 언제 얼마나 효율적일 수 있는가 생각해보자. "정부만능주의"라고 불리는 입장은 무엇이든 중요한 것은 정부가 나서는 것이 좋다는 입장이다. 직접하거나 관리 감독해야 한다는 입장이다. 정부가 관여하면 효율성과 공정성 모두 나아질 수 있다고 보기 때문이다. 하지만 시장에 맡기는 것보다, 즉 방임하는 것보다 정부가 관여하는 것이 낫다는 주장은 브레넌의 지적처럼 "정부의 실패"가 "시장의 실패" 못지않게 빈번하고 심각하다는 사실을 간과하고 있다. 물론 정부가 방임하는 것이 나은지, 대신하는 것이 좋은지 혹은 관리하거나 감독하는 것이 나은지는 어떤 문제, 어떤 시장, 어떤 정부인가에 따라 다르다. 따라서 이 이슈에 대해 일반화해서 말할 수 있는 것은 기껏해야 매사에 정부가 나서는 것이 능사가 아니라는 것과 이런 사안을 생각할 때는 항상 기회비용과 트레이드-오프를 생각해야 한다는 것 정도에 그친다.

정부만능주의와 관련해서 정작 철학적으로 흥미로운 논의는 정부보다는 국가 혹은 사회와 개인의 관계에 대한 비전에 있다. 앞서 살펴본 것과 같이 만약 국가나 사회 그리고 정부가 우리 각자가 어떤 방식으로든 만들거나 바꿀 수 있는 것이라면, 자신이 원하는 공동체가 과연 어떤 것인지 그려볼 수 있을 것이다. 어떤 이는 사회, 국가, 정부를 마치 대가족처럼 생각할 것이다. 이 경우 공적으로 다루지 말아야 하는 이슈는 없다. 마치 부모 형제자매가 서로에 대해 무엇을 먹고, 생각하고, 지내는지 관여하는 것처럼 온 사회가 서로에 대해 걱정하고 배려하고 참견한다. 하지만 앞서 보았듯이 사회, 국가, 정부를 마치 시장처럼 생각하는 사람도 있게 마련이다. 이들의 관점에서 보면 정부는 우리 각자가 역량을 펼치고 공정하게 경쟁할 수 있는 시장이 원활하게 작동할 수 있도록 관리, 감독하는데 그 역할이 있다. 따라서 사회, 국가, 정부는 나의 라이프 스타일은 물론이고 사생활 전반에 가급적 간섭하지 말아야 한다. 물론 절충안도 있을 수 있다. 국가가 관여할 영역을, 예를 들면, 국방과 치안, 교육과 보건, 인프라 등을 구분하고 이 영역에 있어서는 정부가 앞장서 일하도록 하는 것이다. 어떤 모델이든 앞서 보았듯이 트레이드-오프가 있다. 따라서 우리가 할 일은 우리가 그리는 국가의 비전이 어떤 모델에 가까운지 생각해보고 그것이 현실에 반영되도록 노력하는 것일 것이다. 적어도 민주적 의사결정을 믿는다면 말이다.

　이 책을 통해 독자가 얻을 수 있는 것이 있다면 그것은 정치철학 분야의 정설이 아니다. 어떤 한 시대를 풍미하는 사조나 학파 혹은 입장이 있을 수는 있어도 현대 정치철학에 정설이 있다고 보기는 어렵다. 당위적인 측면에서 민주제가 독재체제나 과두제보다 더 낫다고 입증할 수 있는 방법도 없으며 자유주의가 종교적 근본주의나 파시즘보다 더 우월하다고 주장할 방법도 막연한 것이 사실이다. 자유주의체제 내에서 벌어지는 논쟁은 더욱 그러하다. 진보적 자유주의가 고전적 자유주의 혹은 신자유주의보다 더 우월하다는 것을 당위적 차원에서 증명하려는 것은 시도 자체가 어리석어 보일 정도이다. 물론 그 역도 마찬가지이다. 그렇다면 "도대체 정치철학을 왜 하는가?"라고 반문하는 사람도 적지 않을 것이다. 어찌 보면 진부하지만, 우리가 알 수 있는 것과 알 수 없는 것에 대해 인식하는 것, 달리 표현하면 스스로 무지하다는 것을 깨닫고 새기기 위한 계기를 갖기 위해서가 아닐까.

주석·참고문헌

1 · Douglass North, *Institutions, Institutional Change, and Economic Performance* (New York: Cambridge University Press, 1990), p. 3.

2 · Dennis Chong, "Degrees of Rationality in Politics," in *The Oxford Handbook of Political Psychology*, ed. Leonie Huddy, David O. Sears, and Jack S. Levy (New York: Oxford University Press, 2013), pp. 96-129. 참고.

3 · 예를 들어, 자유주의자들이 어떻게 열 가지 이상의 도덕 이론을 받아들일 수 있었는가에 대해서는 Aaron Ross Powell, ed., *Arguments for Liberty* (Washington, D.C.: Cato Institute, 2014) 참고.

4 · Gerald Gaus, *Political Concepts and Political Theories* (Boulder, CO: Westview Press, 2000). 참고.

5 · John Rawls, *A Theory of Justice* (Cambridge, MA: Harvard University Press, 1971), p. 4.

6 · Michael Clemens, "Economics and Emigration: Trillion-Dollar Bills on the Sidewalk?" *Journal of Economic Perspectives* 23 (2011): pp. 83-106. 참고.

7 · 경제학자들은 현재 상태에서 다른 사람의 상황을 더 나쁘게 만들지 않으면서 한 사람 이상의 상황을 더 좋게 만드는 경우에 한하여 파레토 우월이라고 말한다. 현실 세계에서 변화는 많은 경우 일부에게는 도움이 되지만 일부에게는 해가 된다. 이런 경우 승자가 얻는 이득이 패자의 손실

보다 많을 때 칼도-힉스 효율적이라고 말한다. 따라서 공리주의에 경도된 경제학자들은 칼도-힉스 효율성에 관심을 가진다. 이 경우 승자는 패자에게 손실을 보상할 수 있다. 따라서 칼도-힉스 우월 변화는 잠재적으로 파레토-우월 변화이다.

8 · Robert Nozick, *Anarchy, State, and Utopia* (New York: Basic Books, 1974), p. 41.

9 · Ibid.

10 · Wesley Newcomb Hohfeld, "Fundamental Legal Conceptions as Applied in Judicial Reasoning," *Yale Law Journal* 23 (1913): pp. 16–59.

11 · Isaiah Berlin, "Two Concepts of Liberty," in Isaiah Berlin, *The Proper Study of Mankind*, ed. Henry Hardy, Roger Hausheer, and Noel Annan (New York: Farrar, Straus, and Giroux, 1997), p. 168.

12 · Ibid., p. 169.

13 · G. A. Cohen, *Self-Ownership, Freedom, and Equality* (New York: Cambridge University Press, 1995), p. 58.

14 · John Stuart Mill, *On Liberty* (Indianapolis, IN: Hackett Publishing, 1978).

15 · Gerald Gaus, "Property," in *The Oxford Handbook of Political Philosophy*, ed. David Estlund (New York: Oxford University Press, 2012), p. 96.

16 · Jean-Jacques Rousseau, *The Major Political Writings of Jean-Jacques Rousseau*, trans. John T. Scott (Chicago: University of Chicago Press, 2012), p. 91. (『인간 불평등 기원론』. 이영찬 역주. 계명대학교 출판부. 2011. p. 90.)

17 · John Locke, *Second Treatise of Government* (Indianapolis, IN: Hackett Publishing, 1980), p. 21.

18 · Angus Maddison의 국가별 1인당 GDP 추이는 다음을 참고: http://www.ggdc.net/maddison/Maddison.htm. See also Angus Maddison, *Contours of the World Economy, 1-2030 AD: Essays in Macroeconomic History* (New York: Oxford University Press, 2003).

19 · http://aspe.hhs.gov/poverty/15poverty.cfm. 저자 계산.

20 · Maddison, *Contours of the World Economy, 1-2030 AD.*

21 · David Schmidtz and Jason Brennan, *A Brief History of Liberty* (Oxford: Wiley-Blackwell, 2010), p. 122; and http://www.ggdc.net/maddison/Maddison.htm

22 · David Schmidtz, "The Institution of Property," *Social Philosophy and Policy* 11 (1994): pp. 42-62.

23 · Garrett Hardin, "The Tragedy of the Commons," *Science* 162 (1968): pp. 1243-48.

24 · 롤스를 이와 같이 묘사할 수 있었던 것은 슈미츠 덕분이다. David Schmidtz, *Elements of Justice* (New York: Cambridge University Press, 2006), pp. 187-88, 219.

25 · Rawls 1971, p. 60.

26 · 이 점에 대해서 롤스를 비판한 것으로는 Martha Nussbaum, *Frontiers of Justice* (Cambridge, MA: Harvard University Press, 2007) 참고.

27 · G. A. Cohen, *Rescuing Justice and Equality* (New York: Oxford University Press, 2009).

28 · Rawls 1971, pp. 453-55.

29 · Cohen 2009; G. A. Cohen, *Why Not Socialism?* (Princeton, NJ: Princeton University Press, 2008). 참고.

30 · 분배정의 원칙은 부, 소득 또는 다른 기본적인 재화를 적절하게 "분배"
한다는 것이 무엇인지를 설명하는 것을 의미한다. "사회정의" 원칙은
분배정의 원칙의 하위 집합이다. 사회정의를 옹호하는 사람들은 분배
정의는 특히 가난한 사람들을 중요하게 고려해야 한다고 생각한다. 예
를 들어, 능력주의자는 사람들이 자신의 능력이나 자격에 상응하는 수
입을 얻어야 한다고 생각한다. 그러므로 능력주의자는 분배정의 원칙
은 받아들이지만, 사회정의 원칙은 받아들이지 않을 것이다.

31 · F. A. Hayek, *Law, Legislation, and Liberty, Volume II: The Mirage of
Social Justice* (Chicago: University of Chicago Press, 1978).

32 · Adam Ferguson, *An Essay on the History of Civil Society* (New
York: Cambridge University Press, 1996), p. 119.

33 · Nozick 1974, pp. 150-59. Cohen 1995, pp. 229-44. Cecile Fabre,
Whose Body Is It Anyway? (New York: Oxford University Press,
2006), 세실 파브르는 눈과 신체의 다른 기관에 대한 재분배를 주장한다.

34 · 엄밀히 말해 롤스는 이렇게 말하지 않는다. 차등의 원칙은 자유의 원칙
과 공정한 기회균등 원칙의 하위 원칙이다. 가능한 차등의 원칙을 실현
하기 위해 노력해야 하지만 이는 반드시 자유의 원칙, 공정한 기회균등
원칙에 제약되어야 한다는 것이 롤스의 견해이다.

35 · Nozick 1974, p. 160.

36 · Ibid., pp. 151-52, 344n2.

37 · Ibid., p. 166.

38 · Ibid., p. 163.

39 · F. A. Hayek, *New Studies in Philosophy, Politics, Economics, and the
History of Ideas* (Chicago: University of Chicago Press, 1986), pp.
132-34.

40 · Ibid., p. 132.

| 정치란 무엇이어야 하는가 |

41 · Nozick 1974, p. 180.

42 · Nicholas Capaldi, *John Stuart Mill: A Biography* (New York: Cambridge University Press, 2004).

43 · John Stuart Mill, *Utilitarianism* (Indianapolis, IN: Hackett Publishing, 2002), p. 10.

44 · Jeremy Waldron, *The Harm in Hate Speech* (Cambridge, MA: Harvard University Press, 2014).

45 · Rawls 1996, pp. 5-6.

46 · Samuel Freeman, *Rawls* (New York: Routledge Press, 2009), p. 54.

47 · Ibid.

48 · Ibid., p. 55. Italics in original.

49 · http://bleedingheartlibertarians.com/2012/06/can-economic liberties-be-basic-liberties/.

50 · Ibid.

51 · Gregory Kavka, "Why Even Morally Perfect People Would Need Government," *Social Philosophy and Policy* 12 (1995): pp. 1-18; here p. 2.

52 · David Estlund, *Democratic Authority* (Princeton, NJ: Princeton University Press, 2007), p. 2.

53 · A. John Simmons, "Philosophical Anarchism," in *For and against the State: New Philosophical Readings*, ed. John T. Sanders and A. John Simmons (Boulder, CO: Rowman and Littlefield, 1996), pp. 19-30. 참고. 시몬스는 나와 같은 방식으로 권위와 적격성이라는 용어를 사용하지 않는다는 점에 유의해야 한다. 권위와 적격성에 대한 나의 정의가 문헌상 표준이 된 것은 그 이후이기 때문이다. 정치적 책무에 대한 대부분의 설명이 얼마나 근거 없는지를 보여주는 연구는 M. B. E.

Smith, "The Duty to Obey the Law," in *Companion to the Philosophy of Law and Legal Theory*, ed. D. Patterson (Oxford: Blackwell, 1996). 또한 Arthur Isak Applbaum, "Legitimacy without the Duty to Obey," *Philosophy and Public Affairs* 38 (2010): pp. 216-39. 참고.

54 · Thomas Hobbes, *Leviathan* (Indianapolis, IN: Hackett Publishing, 1994), p. 78.

55 · Locke 1980, pp. 72-73.

56 · Michael Huemer, *The Problem of Political Authority* (New York: Palgrave MacMillan, 2013). 참고.

57 · 반론은 David Schmidtz, *The Limits of Government: An Essay on the Public Goods Argument* (Boulder, CO: Westview Press, 1990). 참고.

58 · 정치적 적격성에 동의하는 이론에 대한 추가적인 반박은 Huemer 2013, pp. 20-58; Christopher Heath Wellman and John Simmons, *Is There a Duty to Obey the Law?* (New York: Cambridge University Press, 2006), pp. 116-18. 참고.

59 · Huemer 2013, pp. 32-33. 휴머는 정부는 개별 시민에 대한 의무가 없고 일반 대중에게만 의무가 있다고 판결한 최근 미국 연방 대법원의 세 가지 사례를 인용한다.

60 · Rawls 1971, p. 4.

61 · 예를 들어, Richard Dagger, *Civic Virtues* (New York: Oxford University Press, 1997).

62 · Jonathan Haidt, *The Righteous Mind* (New York: Vintage, 2013). 참고. (『바른 마음: 나의 옳음과 그들의 옳음은 왜 다른가』 왕수민 역. 웅진 지식하우스. 2014.)

63 · John Rawls, *Justice as Fairness: A Restatement* (Cambridge, MA:

| 정치란 무엇이어야 하는가 |

Harvard University Press, 2001), pp. 137-38.

64 · 시장은 파레토 효율에 완전히 이르지 못할 때마다 실패한다. 현실 세계에서 시장이 완벽한 경우는 거의 없기 때문에 시장은 항상 "실패"한다고 말할 수 있다. 하지만 대부분의 "실패"는 심각하지 않으므로 "시장 실패"라는 용어에는 오해의 소지가 있다. "정부의 실패"라는 용어 역시 이와 유사한 의미를 담고 있다.

65 · Elinor Ostrom, *Governing the Commons* (New York: Cambridge University Press, 1990).

정치란 무엇이어야 하는가

1판 1쇄 찍음 2024년 1월 17일
1판 1쇄 펴냄 2024년 1월 30일

지은이 제이슨 브레넌
옮긴이 배니나, 정연교

주간 김현숙 | **편집** 김주희, 이나연
디자인 이현정, 전미혜
마케팅 백국현(제작), 문윤기 | **관리** 오유나

펴낸곳 궁리출판 | **펴낸이** 이갑수

등록 1999년 3월 29일 제300-2004-162호
주소 10881 경기도 파주시 회동길 325-12
전화 031-955-9818 | **팩스** 031-955-9848
홈페이지 www.kungree.com
전자우편 kungree@kungree.com
페이스북 /kungreepress | **트위터** @kungreepress
인스타그램 /kungree_press

ⓒ 궁리출판, 2024.

ISBN 978-89-5820-873-0   03300